INVENTAIRE
F 40-251

I0035218

FACULTÉ DE DROIT DE TOULOUSE.

PÉTITION D'HÉRÉDITÉ

(Livre V, Titre III, D.)

THÈSE POUR LE DOCTORAT

soutenue

Le Lundi, 5 août 1867,

par

Clément MORAS, Avocat,

Né à Auterive (Haute-Garonne).

TOULOUSE
IMPRIMERIE TROYES OUVRIERS RÉUNIS
RUE SAINT-PANTALÉON, 5.

1867.

PÉTITION D'HÉRÉDITÉ

(Livre V , Titre III , D.)

THÈSE POUR LE DOCTORAT

SOUTENUE

Le Lundi, 5 août 1867,

PAR

Clément MORAS, Avocat.

Né à Auterive (Haute-Garonne).

TOULOUSE
IMPRIMERIE TROYES OUVRIERS RÉUNIS
RUE SAINT-PANTALÉON, 3.

1867.

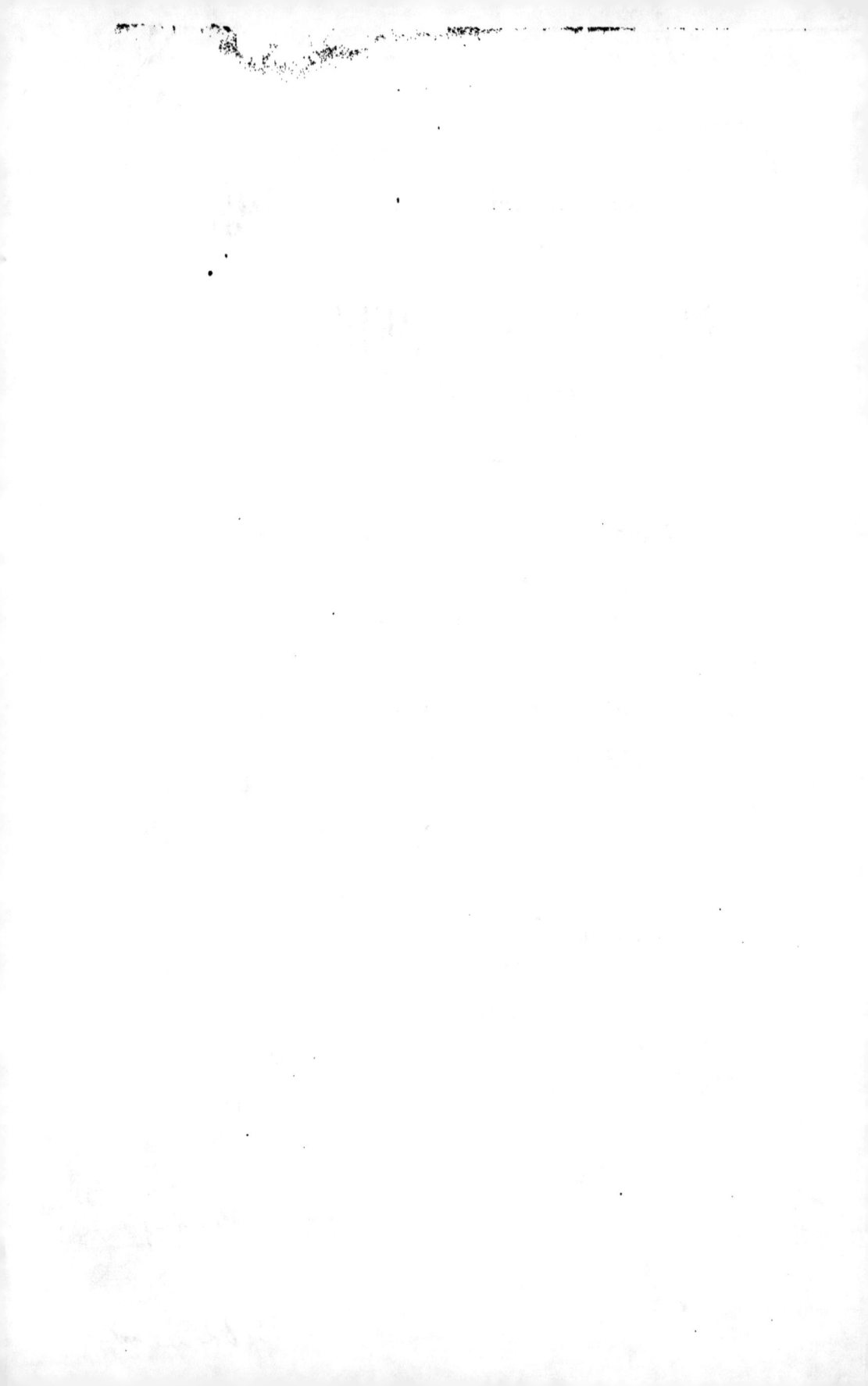

MEIS ET AMICIS.

FACULTÉ DE DROIT DE TOULOUSE.

MM. CHAUVEAU ADOLPHE ✱, Doyen, professeur de Droit
     Administratif.
   DELPECH ✱, Doyen honoraire, professeur de Code Na-
     poléon, en congé.
   RODIÈRE ✱, professeur de Procédure civile.
   DUFOUR ✱, professeur de Droit Commercial.
   MOLINIER ✱, professeur de Droit Criminel.
   BRESSOLLES, professeur de Code Napoléon.
   MASSOL ✱, professeur de Droit Romain.
   GINOULHIAC, professeur de Droit Français, étudié dans
     ses origines féodales et coutumières.
   HUC, professeur de Code Napoléon.
   HUMBERT, professeur de Droit Romain.
   ROZY, agrégé, chargé du cours d'Économie politique.
   POUBELLE, agrégé, chargé d'un cours de Code Napoléon.
   BONFILS, agrégé.

M. DARRENOUGUÉ, secrétaire, Agent comptable.

Président, M. Dufour,
                  MM. Rodière,
Suffragants :   Bressoles,
                       Humbert,
                       Rozy.

DROIT ROMAIN.

PÉTITION D'HÉRÉDITÉ.

Livre V. Titre III. D.)

La pétition d'hérédité est une action réelle, de bonne foi, par laquelle un héritier réclame, en vertu de son droit héréditaire contesté, tout ou partie d'une hérédité, contre quiconque possède, ou exerce à titre héréditaire, ou sans titre, une chose ou un droit de l'hérédité.

A. Parmi les actions réelles, les unes ont pour base un droit de telle nature que, si la preuve de ce droit est faite par le demandeur, ses prétentions lui sont adjugées, quel que soit le droit du défendeur. Telle est la revendication par laquelle un propriétaire, en vertu de son droit absolu de propriété, réclame la possession d'un objet entre les mains d'un tiers et l'obtient, quels que soient les droits de ce tiers.   1.

Les autres ont pour base un droit moins étendu qui, sans permettre au demandeur d'actionner tout détenteur, assure cependant le succès de son action contre ceux qui prétendent, à tort, avoir le même droit que lui.

Telle est la pétition d'hérédité. Elle appartient à l'héritier; il a, comme héritier, un droit général sur l'universalité des biens laissés par le défunt et peut, par conséquent, poursuivre, entre les mains des tiers, les biens héréditaires qu'ils possèdent. Il agit en vertu de cette présomption: que le défunt était propriétaire des objets composant l'hérédité; d'où cette conséquence, que, si le défendeur, sans même contester son droit à l'héritier, fait tomber cette présomption, l'héritier, bien que son droit héréditaire, en vertu duquel il agit, ne soit pas contesté, succombe dans son action.

De nombreuses différences distinguent la revendication de la pétition d'hérédité; la principale est celle-ci: on ne peut réclamer par la revendication que la possession d'un objet déterminé. Le patrimoine ne forme pas une universalité juridique, et le propriétaire n'a qu'un droit spécial sur chacun des objets qui le composent. Par la pétition d'hérédité, au contraire, on peut réclamer, soit l'hérédité tout entière, soit un droit, soit une chose de l'hérédité, *licet minimam.* L. 10. pr. 5. 3.

B. La pétition d'hérédité est incontestablement une action réelle. On peut agir contre le défendeur sans alléguer aucune obligation de sa part. Le doute n'est pas possible sur sa nature; les textes des jurisconsultes ne permettent pas de la classer parmi les actions personnelles. Ulpien et Paul disent expressément qu'elle est réelle. L. 25. § 18. 5. 3. L. 27. § 3. 6. 1.

'Cependant, la Constitution 7, livre 3, Tit. 32, au code de Dioclétien et Maximien, qui lui applique l'un des effets particuliers aux actions personnelles : l'impossibilité de lui opposer la *longi temporis præscriptio*, la nomme *mixta personalis* et les commentateurs diffèrent sur le sens à donner à cette qualification.

Sous le système formulaire, il eût été difficile de concevoir une action à la fois réelle et personnelle, puisque la rédaction de la formule détermine le caractère de l'action et que, si l'*intentio* est conçue *in rem*, elle ne peut pas l'être *in personam*. Aussi ne voit-on apparaître cette qualification qu'après la disparition du système formulaire, et sous le règne de l'Empereur qui l'a abrogé.

a. Faut-il croire, avec M. de Savigny, que la pétition d'hérédité est ainsi nommée parce qu'elle ne peut être intentée avec succès que contre certains possesseurs ? Mais ce caractère n'est pas particulier à la pétition d'hérédité parmi les actions réelles. Si l'*intentio* est conçue *in rem*, il importe peu que la *condemnatio* ait un caractère plus ou moins personnel. S'il est vrai que les droits réels existent vis à vis de tous, ils ne peuvent être cependant exercés que contre ceux qui s'opposent directement à leur exercice.

b. Dans un grand nombre de cas, la pétition d'hérédité a pour résultat des prestations obligatoires pour l'héritier apparent, à cause même de sa qualité, inhérentes à sa personne et dont il est tenu sans que l'héritier réel ait à se demander s'il possède ou non les objets réclamés. — L. 18. § 2. 5. 3. — L. 19. *h. t.* — L. 20. § 1, *h. t.* — L. 27. — L. 22. — L. 10. *h. t.* Ulpien s'exprime ainsi : *Petitio hereditatis etsi actio in*

*rem sit, habet tamen præstationes quasdam personales
ut puta eorum quæ à debitoribus sunt exactæ item pre-
tiorum.* L. 25, § 18. 5. 3. — Le possesseur de l'hérédité, qui est tenu comme détenteur de créances héréditaires perçues, n'est délié de son obligation que par
le paiement, même s'il a perdu les sommes. Il est de
même tenu du prix des choses par lui vendues.

Ces prestations dont est tenu le possesseur, et que
l'on nomme personnelles parce qu'elles sont inhérentes
à sa personne, bien qu'il ne possède plus, expliquent-
elles cette qualification donnée par la Const. 7 ?

C'est l'opinion de Voët, qui dit dans sa définition de
la pétition d'hérédité : *Actio civilis, primario in rem,
mixta tamen propter præstationes personales.*

Mais il faut remarquer que la nature et le nom de
ces prestations ne peuvent en rien changer la nature
de l'action ; que, même avec la revendication, ces prestations personnelles se produisent. Ex. : si un détenteur
vend l'objet revendiqué, il sera condamné au remboursement de la valeur de l'objet, bien qu'il ne possède
plus, c'est-à-dire à une prestation personnelle. Cependant, on ne saurait nommer la revendication, *mixta
personalis.*

Ces prestations personnelles, auxquelles conduit souvent la pétition d'hérédité, proviennent de ce qu'elle
est une action générale, comprenant les choses réclamées, *in genere.* Si, par une action, on ne peut poursuivre que des choses certaines, déterminées dans leur
espèce, le possesseur seul en est tenu, non celui qui
a perdu la possession. Mais les choses considérées *in
genere*, ne peuvent ni périr, ni cesser d'être possédées ;
l'obligation de les restituer suit partout celui qui les

doit, sans que le demandeur ait besoin d'alléguer cette obligation. Il suffit qu'il fasse reconnaître son droit réel ; la pétition d'hérédité ne joue donc pas, dans ce cas, le rôle d'une action personnelle, et ces prestations personnelles n'expliquent pas qu'elle puisse être appelée *mixta personalis*.

c. Dans la Const. 7, les empereurs font allusion à un cas prévu par la loi 13, § 15. 5. 3, où la pétition d'hérédité a pour but de faire constater le droit réel du demandeur, et aussi, comme une action personnelle, l'obligation du défendeur. Dans cette loi, un débiteur héréditaire refuse de payer, et, se prétendant héritier, oppose la confusion à l'héritier qui agit contre lui par la pétition d'hérédité. L'action tendra à faire reconnaître le droit réel du demandeur sur l'hérédité tout entière, et indirectement son droit d'obligation comme créancier du défendeur. Le résultat serait le même que si on eût intenté une action personnelle.

La loi 12 *eod.* ne s'oppose pas à cette solution. Il est vrai qu'elle refuse la pétition à l'héritier contre les débiteurs héréditaires ; mais elle prévoit l'hypothèse où les débiteurs ne paient pas, parce que la qualité d'héritier que se donne le demandeur ne leur paraît pas établie. Ils ne se disent pas héritiers. Dans la loi 13, au contraire, le débiteur se prétend investi du droit héréditaire, et, comme *juris possessor*, il est soumis à la pétition.

Ainsi, dans ce cas, cette action joue indirectement le rôle d'une action personnelle. Elle n'était pas cependant regardée comme participant de l'*actio in rem* et de l'*actio in personam*. Elle n'était qu'une action réelle. La décision même des empereurs explique assez qu'ils aient voulu faire ressortir son caractère particulier.

G. Comme toutes les actions réelles, la pétition d'hérédité est arbitraire. Cependant Justinien l'a rangée parmi les actions de bonne foi : « *Quamvis enim usque adhuc incertum erat sive inter bonæ fidei judicia connumeranda sit hereditatis petitio, sive non, nostra tamen constitutio aperte eam esse bonæ fidei disposuit.* » Inst., Livre 4, Titre 6, § 28.

Cette controverse que suppose le texte des *Institutes* ne devait guère se présenter sous le système formulaire, puisque les actions personnelles seules pouvaient être de bonne foi. Les mots « *ex bona fide,* » qui caractérisent ces actions, devaient être placés à la fin de l'*intentio* conçue *in personam*, après les mots : *dare facere oportet.* (*Gaïus, Comm.* 4. § 47.) Cette action avait toujours été considérée comme arbitraire ; mais les jurisconsultes étaient divisés sur le point de savoir si le demandeur devait recourir à une stipulation spéciale contre le dol (*cautio de dolo*), ou à l'action prétorienne de dol et le défendeur à l'exception de dol, pour donner au juge toute latitude d'appréciation. Selon Gaïus et Papinien, l'exception de dol n'était pas sous entendue dans la formule, elle devait être proposée *in jure*) l. 50. § 1. 1. 39. § 1. 5. 2.)

Mais, à cause des difficultés nombreuses qui pouvaient se présenter dans l'appréciation des prétentions du possesseur et de l'héritier, d'autres jurisconsultes avaient admis que l'exception de dol devait être sous-entendue, comme dans les actions de bonne foi et que le juge pouvait statuer *eo æquo et bono*, même si aucune des parties n'excipait du dol.

C'était l'opinion de Scævola : loi 58. 5. 2. Une mère institue son fils héritier pour l'époque où son père

l'émancipera. Emancipé, le fils fait adition de l'hérédité.
Le père a possédé l'hérédité dans l'intervalle, perçu les
fruits, et son fils ayant été nommé sénateur, il a fait, *in
honorem ejus*, des dépenses qu'il veut déduire de l'hérédité en la restituant. Le jurisconsulte déclare que le
juge a compétence pour statuer, même si le père
n'oppose pas l'exception de dol.

De même Paul , loi 38. 5. 2 : L'héritier ne doit pas
profiter des pertes du possesseur, et pour apprécier les
droits de chacun, le juge est compétent, l'exception de
dol n'est pas nécessaire au possesseur. De même Javolenus : l. 44. 5. 2.

De cette controverse Justinien a tiré une conséquence
que ni Paul, ni Scævola, ni Javolenus , n'eussent admise.
Il n'a pas seulement décidé que l'exception de dol serait sous-entendue, mais il a transformé la pétition en
action de bonne foi. La nature même de cette action
s'oppose à une assimilation complète avec cette classe
d'actions , ainsi la plus-pétition, qui ne saurait exister
dans les *judicia bonœ fidei*, existe incontestablement
dans la pétition. Le cohéritier ne peut réclamer que sa
part dans la succession aux tiers détenteurs ; s'il demande davantage il s'expose aux peines de la plus-pétition, même si ses cohéritiers ne font pas adition de
l'hérédité, l. 1. § 1. 5. 4.

Quant à la forme de la *condemnatio*, ce ne sera pas
comme dans les actions de bonne foi, une décision ré-
glant toutes les restitutions à faire ; mais il y aura
d'abord, comme dans les actions arbitraires, un *jussus*
préalable réglé *ex æquo et bono* sur la satisfaction de-
mandée, exécutoire *manu militari*, et une condamnation
incertaine pour le cas où le *Jussus* resterait inexécuté.

D. La pétition d'hérédité est une action civile (1), elle provient de la loi des Douze-Tables. Quand les préteurs eurent créé un ordre particulier de succession, ils durent le sanctionner par des actions. De là viennent la *fidei commissaria* et la *possessoria hereditatis petitio*, dont l'application fut plus large que celle de l'action civile.

Cette action se modifiait, selon que l'héritier réclamait la totalité ou une partie seulement de l'hérédité.

Des personnes qui peuvent intenter cette action.

A. L'action civile en pétition d'hérédité compète à celui qui a droit à l'hérédité; il faut, pour l'intenter, être héritier, soit en vertu de la loi des Douze-Tables, soit d'après le droit nouveau des sénatus-consultes et des constitutions impériales.

La loi des Douze-Tables reconnaît les hérédités testamentaires, et *ab intestat*. Dans le système de cette loi, on ne tient compte que des rapports de parenté civile. Les sénatus-consultes Tertullien et Orphitien se préoccupant de la parenté naturelle, ont admis à se succéder réciproquement la mère et les enfants. Une constitution impériale assimile le fils de famille militaire à une

---

(1) Cependant, Ulpien, l. 1. 5. 4., s'exprime ainsi : *Post actionem quam proposuit prætor ei qui ad se solum hereditatem pertinere contendit.* L'édit du préteur comprenait aussi des actions civiles. (l. 1. 13. 6.) Du reste, le Droit prétorien donna plus d'étendue à la pétition d'hérédité. (*Gaïus*, *Comm.* 2. § 57.

personne *sui juris*, en ce qui concerne son pécule *castrans*. Il peut donc transmettre ce pécule par testament.

Toutes les personnes appelées à une hérédité par cette loi, ces sénatus-consultes ou ces constitutions, ont le droit d'intenter la pétition d'hérédité, car elles sont héritières d'après le droit civil.

Mais la qualité d'héritier est indispensable. L'action n'appartient pas à ceux qui viennent à la succession en vertu d'un titre particulier. Le légataire ne l'a pas ; c'est un simple acquéreur de droits et de créances.

Si, avant de faire adition, un héritier fait cession *in jure* de l'hérédité, le cessionnaire le remplace, et il jouit de l'action civile comme l'héritier lui-même. Après l'adition, l'héritier ne peut céder son droit. La cession est présumée faite à titre singulier, de chacun des objets héréditaires. Pour que l'acquéreur de droits successifs puisse agir au nom de son vendeur, comme *procurator in rem suam*, il faut qu'il ait obtenu de l'héritier la cession de son action. L'action utile seule lui compète, comme à un *emptor universitatis*, s'il n'y a pas eu cession de son action par le vendeur.

Le fidéicommissaire n'a jamais l'action directe, car il n'est jamais héritier. Si la restitution se fait d'après le sénatus-consulte Pégasien, toutes les conséquences du titre d'héritier reposent sur la tête des héritiers qui jouissent de l'action directe. Le fidéicommissaire est assimilé à un légataire partiaire.

S'il faut appliquer le sénatus-consulte Trébellien, le fidéicommissaire est *loco heredis*, et, dans ce cas, il exerce l'action prétorienne. Quant au fiduciaire, il a toujours l'action directe.

Les héritiers prétoriens n'eurent d'abord pour se faire mettre en possession des biens que l'interdit *quorum bonorum*. — Gaius Comm. 4. 143. — Ils jouaient ainsi le rôle de défendeur à la pétition intentée par l'héritier, car l'interdit avait pour résultat de leur faire obtenir la possession de l'objet réclamé, s'ils prouvaient que le défunt l'avait eu en sa possession. Mais cet interdit ne comprenait ni les créances, ni les choses incorporelles. Aussi le préteur créa-t-il pour le *bonorum possessor*, la *possessoria hereditatis petitio*. L. 1 et 2. 5. 5.

B. La *querela inofficiosi testamenti* était une véritable pétition d'hérédité, intentée pour faire tomber le testament fait *contra officium pietatis* et obtenir la possession des biens héréditaires détenus par l'héritier institué. Le fils omis était en effet, par suite de la nullité du testament, héritier *ab intestat*. L. 13. 3. 28 C. et légitime. L. 15. § *ult*. 5. 2. — Le testateur était réputé ne pas avoir eu la faculté de tester. L. 17. § 1. *h. t.* L'action exercée par le fils omis était une véritable pétition d'hérédité ; les détenteurs des biens étaient considérés comme de simples possesseurs *pro herede* ou *pro possessore*. L. 1. 3. 28 C. — Il est vrai que, dans certains cas, le fils peut opposer la *querela* pour se défendre, et que la pétition ne peut jamais devenir une exception. L. 8. § 13. 5. 2. — Mais elle peut être exercée pour se défendre par un possesseur héritier *in modum contradictionis*. L. 8. 5. 4.

Les jurisconsultes romains donnent à la *querela* des dénominations qui ne peuvent convenir qu'a la pétition d'hérédité. Ils la nomment *petitio hereditatis ex nomine de inofficioso constituta*. L. 31. 3. 28. C. Scœvola la qualifie de *centumvirale judicium*. L. 13. 5. 2. Il dit

encore formellement que celui qui soutient qu'un testament est inofficieux ne peut intenter d'autre action que
la pétition d'hérédité. L. 20. 5. 2. — Ulpien emploie
les termes : *hereditatem petere* , lorsqu'il s'agit d'un
fils exhérédé qui réclame les biens héréditaires. L. 8.
§ 8. 5. 2.

La *querela* diffère cependant de la pétition en ce
qu'elle existe contre celui qui possède en vertu d'un titre
valable en lui-même, contre un héritier institué, un
fidéicommissaire ; tandis que la pétition ne peut être
exercée que contre le possesseur sans titre ou en vertu
d'un titre vicieux en lui-même.

C. Il est encore d'autres actions relatives comme la pétition aux hérédités testamentaires et *ab intestat*, que
l'héritier peut exercer, mais qu'il ne faut pas confondre
avec la pétition.

En ce qui touche la détermination de leur objet, la
pétition et l'action *familiæ erciscundæ* paraissent se
confondre. Le sénatus-consulte Juventien doit être,
d'après Ulpien, appliqué à l'action *familiæ erciscundæ*, car il serait absurde qu'un héritier ayant le droit
de réclamer un objet, ne pût en obtenir le partage
L. 25. § 19. 5. 3. — Ces deux actions s'appliquent
même aux choses, qui, sans faire partie de l'hérédité,
sont cependant aux risques et périls de l'héritier :
*ut res pignori datæ defuncto, vel commodatæ, deposi-
tæe*. L. 19. Pr. 4. 5. 3.

Il est pourtant des cas exceptionnels où des différences
se produisent.

Si le défunt a commencé l'usucapion *pro herede*
et que l'héritier ait continué et achevé cette usucapion,
il ne pourra réclamer les objets ainsi usucapés que par

la revendication. La pétition d'hérédité n'est pas admise.
L. 10. § 1. 5. 3. Mais il pourrait en demander le partage, car l'action *familiæ erciscundæ* s'applique aux
objets livrés au défunt et usucapés par l'héritier, ache-
tés par le défunt et livrés à l'héritier, L. 9. 10. 2. généralement à toutes les choses dont la propriété est
acquise par l'héritier, mais dont la cause d'acquisition
remonte au défunt.

De même, on ne peut poursuivre par l'action en
partage l'héritier débiteur du défunt qui refuse de
payer; car il est héritier et les créances se divisant de
plein droit entre les co-héritiers, il n'y a pas lieu d'en
demander le partage. L. 51. § 1. 10. 2. Mais on peut
le poursuivre par la pétition d'hérédité.

Bien que ces deux actions se confondent à peu près
quant à leur objet, il est important de les distinguer.

La pétition d'hérédité a toujours pour but immédiat
la constatation du droit héréditaire et pour but médiat
la revendication des choses dépendant de la succession
qui sont en la possession réelle ou présumée du défendeur.

L'action en partage suppose faite la constatation du
droit héréditaire et n'a pour but que la mesure de ce
droit et la division des biens héréditaires entre les
parties.

Ainsi la pétition d'hérédité existe toutes les fois que,
sur la réclamation d'un objet héréditaire par l'héritier,
la qualité qui lui donne son droit est contestée par le
défendeur qui s'en prétend investi. Mais si les parties
ne contestent pas leurs qualités respectives, elles reconnaissent par cela même que chacune d'elles a un

droit sur l'objet en litige, et si elles intentent une action, ce ne peut être que pour en obtenir le partage.

Si une personne réclame sa part dans une succession sans contester le titre des héritiers qui possèdent, et sans que ceux-ci contestent le titre qu'elle prétend avoir, ni l'indivision, il n'y a lieu qu'à l'action *familiæ erciscundæ.* Si, au contraire, ils contestent le titre du demandeur, il faut avant tout que cette contestation soit vidée et ce procès constitue une véritable pétition d'hérédité. Le défendeur oppose au demandeur l'exception : *Prejudicium hereditati non fiat* et le demandeur est tenu de prouver son droit héréditaire, car s'il n'existe pas il ne peut y avoir lieu à partage. L. 1. § 1. 10. 2. En somme, l'action *familiæ erciscundæ* ne peut être intentée qu'entre cohéritiers se reconnaissant mutuellement pour tels. L. 36. 10. 2. — La pétition ne peut réussir que contre celui qui se prétend héritier sans l'être.

Contre qui peut être exercée la pétition d'hérédité.

On peut intenter cette action contre quiconque détient ou exerce une chose ou un droit héréditaire à titre d'héritier ou de simple possesseur — *pro herede vel pro possessore.*

A. Le but de cette action est la restitution à l'héritier de l'objet héréditaire possédé par le défendeur. Il suffit donc pour que l'action soit valablement intentée, que le défendeur puisse restituer. Ainsi peuvent être utilement actionnés tous ceux qui détiennent :

Le possesseur *pro herede* qui se prétend héritier ;

Le voleur qui se gère comme propriétaire de l'objet volé et a l'intention de se l'approprier, bien qu'il soit de mauvaise foi. L. 3. § 5. 41. 2;

Le commodataire, le dépositaire d'objets héréditaires. L. 36. 5. 3;

Le détenteur pour autrui qui ne prétend être personnellement ni héritier, ni possesseur, pourvu que l'action soit intentée contre lui, mais au nom de celui pour qui il détient. L. 13 § 12. 5. 3.

La détention physique de l'objet n'est même pas indispensable, car il est des personnes, qui, bien qu'elles ne possèdent pas, sont traitées comme si elles possédaient, à cause de leur dol. *Pro possessione dolus est.* L. 131 L. 150. 50. 17.

Tel est celui qui, poursuivi par l'héritier, abandonne par dol l'objet réclamé. Il n'en est pas moins tenu vis-à-vis du demandeur qui peut alors agir contre lui et contre le nouveau possesseur de l'objet abandonné. Mais l'action de l'héritier existe-t-elle à la fois contre les deux, de telle sorte qu'il puisse exiger du possesseur l'objet lui-même et du non-possesseur la *litis æstimatio*?

Il faut distinguer : si le demandeur atteint son but, c'est-à-dire la restitution de l'objet, il obtient tout ce qu'il pouvait demander et n'a plus d'action. Or il n'atteindra ce but qu'en agissant contre le possesseur. L'auteur du dol sera libéré.

Mais si le demandeur agit contre l'auteur du dol et obtient la *litis æstimatio*, l'action ne sera pas éteinte, car elle ne peut l'être que par le paiement, c'est-à-dire la restitution de l'objet, qui ne peut être faite que par celui-là seul qui possède. L'auteur du dol a payé la *litis æstimatio* en son nom, c'est la peine de son dol, mais l'action existe toujours contre le possesseur, pour arriver à la restitution de l'objet.

Ainsi, l'auteur du *dol* sera libéré par la condamnation du possesseur, et le possesseur, malgré sa situation plus favorable, ne sera pas libéré par la condamnation de l'auteur du *dol*. C'est que la situation du défendeur n'influe en rien sur l'étendue de l'action. L. 1. § 1, 5. 1. Du reste, cette solution ne heurte pas l'équité, car si le demandeur agit d'abord contre l'auteur du *dol*, et ensuite contre le possesseur, il n'obtient pas deux fois la même chose.

Il est des cas spéciaux où la condamnation du possesseur, et même seulement une poursuite contre lui, libère le premier possesseur. L. 24. L. 26, 9, 4. Le maître de l'esclave qui a commis un délit et qui s'en débarrasse par *dol*, peut être, malgré ce principe, que l'action noxale suit la tête de l'auteur du délit, poursuivi comme le nouveau possesseur de l'esclave. Mais la poursuite commencée contre l'un libère l'autre. C'est là un droit spécial établi par le préteur. Il faut encore remarquer que, d'après le droit commun, la condamnation de l'un aurait libéré l'autre, car le but de l'action est la condamnation à l'évaluation du dommage causé, de telle sorte que les deux possesseurs doivent la même chose. Il n'en est pas de même s'il s'agit d'un objet héréditaire. Il y a deux obligations et l'action subsiste tant qu'existe l'une des obligations.

Il se peut aussi que le possesseur et l'auteur du *dol* se trouvent dans une situation telle que la pétition ne puisse réussir que contre l'un d'eux. L. 10. 27.

9. Si un tuteur vend sans autorisation un fonds appartenant à son pupille et que, poursuivi par la revendication ou la pétition, il paie la *litis æstimatio*, l'acheteur sera libéré. Mais il sera libéré à cause de cette circonstance particulière qu'il est acheteur. Il ne possède, *ni pro herede*, *ni pro possessore*, la pétition ne peut réussir contre lui; de même la revendication, car il peut opposer au demandeur toutes les exceptions qu'avait son vendeur. Or, il peut se défendre en soutenant que deux actions n'existent pas pour le même objet; ce qui serait vrai, s'il était condamné, car il aurait recours contre son vendeur, qui serait alors poursuivi deux fois.

Dans ces deux lois, la libération du possesseur s'explique par des motifs particuliers, qui, ne se retrouvant plus si on agit par la pétition de l'hérédité, ne peuvent imposer la même solution.

Le *dol* tient encore lieu de possession, si, dans l'intention de tromper le demandeur, un non-possesseur se présente pour défendre, au procès, comme possesseur. L. 25. L. 27. 6. 1. La pétition et toutes les actions réelles, spéciales, susceptibles d'être intentées, existent contre lui. L. 13 § 14. L. 45. 5. 3. L. 25. 6. 1.

Il faut que le demandeur ait été trompé, que le faux possesseur ait soutenu son rôle depuis le commencement du procès, à l'insu du demandeur, qu'il y ait eu *judicium acceptum*. Le procès ne commence réellement qu'à la *litis contesta'io;* si le défendeur déclare auparavant qu'il ne possède pas, il ne peut être poursuivi, à moins que, pour détourner l'action du véritable possesseur poursuivi, il se soit présenté au demandeur comme étant réellement possesseur. Il importe peu alors qu'il dise la vérité avant la *litis contestatio*, il n'en sera pas moins tenu : Ex. L. 27. L. 28 Pr 6. 1.

Cette sévérité a pour objet de prévenir les déceptions qui attendent le demandeur agissant contre de faux possesseurs ; d'où cette conséquence, que la connaissance du dol par le demandeur, libère le défendeur, pourvu que ce dernier puisse en fournir la preuve. L. 26. 6. 1.

B. Le détenteur n'est tenu que s'il possède *vel jus, vel rem hereditariam*. L. 9. 5 3. Il ne suffit pas qu'il se prétende héritier, car la pétition n'a pas seulement pour but la constatation du droit héréditaire, mais la restitution d'un objet, en vertu de ce droit : *qui heres est, intendit quidem hereditatem suam esse totam, sed hoc solum ei officio judicis restituitur quod adversarius possidet.* L. 10. 5. 3. — Le droit à l'hérédité ne peut en effet être restitué ; l'hérédité est une chose purement juridique et abstraite qui ne peut appartenir à l'héritier apparent, que l'héritier réel ne peut se faire restituer puisqu'il l'a déjà. Les objets hereditaires peuvent seuls faire l'objet d'une restitution. *Per causam hereditatis res singulas petimus.* Ainsi l'on arrive toujours à des prestations spéciales comme par toute autre action réelle spéciale, avec cette différence que, la demande étant basée sur le droit à l'hérédité tout entière, le défendeur doit tous les biens héréditaires qu'il détient, tandis que par une action spéciale il n'est tenu de restituer que les biens individuellement désignés et que, s'il est condamné ou absous, la question n'est vidée que pour les biens en litige.

Par objets héréditaires, il faut entendre « *universas res hereditarias, sive jura sive corpora sint.* » L. 18. § 2. 5. 3.

2

Q.. La détention des objets héréditaires, doit présenter encore certains caractères. Ainsi le défendeur possède, soit comme acheteur, soit comme légataire ou donataire, soit comme héritier ou possesseur, etc.

Il n'est pas indifférent de savoir en vertu de quel titre il possède; car l'action ne peut réussir contre celui qui oppose à l'héritier un titre qui n'est pas la contestation de son droit héréditaire. L'héritier ne réclame les objets héréditaires que parce qu'ils font partie de l'hérédité, et que le défunt était présumé en être propriétaire; mais si le défendeur allègue qu'ils ne faisaient pas partie de l'hérédité, parce que lui-même en est propriétaire, il en résulte qu'il ne nie pas le droit du demandeur à l'hérédité, qu'il n'oppose pas de négation au demandeur qui « *contendit hereditatem* » *esse suam*, et qu'il n'y a pas *controversia de heredi-* » *tate.* » Il n'y a pas lieu, dans ces circonstances, à exercer la pétition d'hérédité dont le but immédiat est la contestation du droit héréditaire; il faut que la possession du défendeur soit de telle nature qu'elle contredise la qualité de l'héritier. Aussi cette action n'existe-t-elle que contre les possesseurs *pro herede* ou *pro possessore.*

a. On nomme possesseur *pro herede*, celui qui se prétend héritier. L. 11. 5. 3. —sans l'être; car s'il est réellement héritier, la pétition lui compète pour entrer en possession des biens héréditaires, et s'il les possède déja, il doit à plus forte raison pouvoir les retenir. Faut-il qu'il se prétende héritier de bonne foi? La question est soulevée par la loi 12. 5. 3. où Ulpien déclare que le possesseur *pro possessore* est celui qui ne se gère pas comme héritier « *vel per mendacium* : d'où cette conséquence que celui qui se gère comme héritier, *vel per mendacium* », ne possède pas *pro possessore*, mais *pro herede*. Gaius, au contraire, dans le paragraphe 144, Comm. IV, reproduit par Justinien Inst. Livre IV. Tit. 15. § 3, soutient que celui-là seul possède *pro herede* qui se croit de bonne foi héritier.

Il est difficile d'accepter la conciliation de ces deux textes que propose Pothier, en traduisant les mots « *vel per mendacium*, » comme si le texte portait « *sive per mendacium*. » On ramène ainsi Ulpien à l'opinion de Gaius, mais on le met en contradiction avec lui-même, car il est dit formellement dans la loi 11, suivant l'opinion d'Arrianus et de Proculus, que celui qui « *scit se heredem non esse* » est possesseur *pro herede*. Gaius était Sabinien, on conçoit une divergence d'opinions avec l'école Proculienne, mais quel en était le motif ? Il tient sans doute à l'ancienne usucapion *pro herede* dite *lucrativa* et *improba*. Gaius, Comm. 11. 52, qui accordait la propriété des biens héréditaires à celui qui les avait possédés pendant un an, même sans titre ni bonne foi.

Un senatus-consulte rendu sous Adrien, Gaius Com. 11. 57, modifia cette usucapion en ce sens: que les possesseurs ne devinrent plus propriétaires que vis-à-vis des tiers et que les héritiers purent les forcer à restituer par la pétition d'hérédité. Ainsi, avant ce senatus-consulte, le possesseur *pro herede* pouvait être de mauvaise foi, puisqu'il usucapait malgré sa mauvaise foi ; après ce senatus-consulte, on conçoit que Gaius lui refuse la possession *pro herede*.

Du reste, bien que la bonne ou la mauvaise foi du possesseur importent beaucoup quant aux résultats de l'action, il n'en est pas de même de la qualité que l'on donne à la possession. On peut considérer comme possesseur *pro herede* le possesseur de mauvaise foi ; il n'en sera pas moins tenu « *quasi prædo* » L. 25, § 7. 5. 3. Le résultat sera le même que s'il était possesseur *pro possessore* : « *Pro possessore vero possidet prædo* » L. 11. 5. 3. En somme, on peut dire que le possesseur *pro herede* est celui qui se prétendant héritier donne par cela même à sa possession une autre cause que le fait seul de sa possession.

Tel est l'indigne qui, bien que déchu de son droit héréditaire, se prétend héritier. La bonne ou la mauvaise foi ne changent rien à la possession ; ainsi l'héritier qui trouve dans sa succession une chose appartenant à autrui, qui la possède à juste titre et peut l'usucaper. L. 3. L. 4. 11. 5, est possesseur *pro herede* comme celui qui n'étant pas héritier possède une chose héréditaire et ne peut l'usucaper. L. 1. L. 4. 11. 5.

6. Le possesseur *pro possessore* est celui qui interrogé sur le titre de sa possession, répond : *possideo quia possideo* ; qui ne peut donner à sa possession d'autre cause que le fait de la possession. L. 11. 51. 5. 3. ou un titre nul. Il importe peu que sa possession n'ait pas de cause ou qu'elle ait une cause injuste. La possession *pro possessore* comprend tous les titres vicieux de possession. Le détenteur *pro possessore*, dit Ulpien, *omnibus titulis hæret et quasi injunctus est* L. 13. § 1. 5. 3. Le jurisconsulte parle de titres vicieux et nuls, ainsi que le font reconnaître les exemples qu'il cite ; du reste, le possesseur en vertu d'un juste titre ne pourrait être poursuivi par la pétition. Il n'y a point de différence entre la possession sans cause et la possession ayant une cause injuste.

L'acheteur d'un objet vendu par un furieux incapable de consentir. L. 5. 50. 17. possède *pro possessore*.

Les donations entre époux étant nulles, l'époux donataire ne possède pas *pro donato*. L. 1. 2. 3. 24. 1. mais *pro possessore*. L. 13. § 1. 5. 3.

La dot constituée à une fille impubère ne peut être possédée *pro dote*. *Dotis appellatio non refertur ad ea matrimonia quæ consistere non possunt, neque enim dos sine matrimonio esse potest, ubicunque igitur matrimonii nomen non est, nec dos est.* L. 3. 23. 3. Celui qui a reçu la dot possède *pro possessore*. L. 13. § 1. 5. 3.

La pétition peut être intentée contre ce détenteur *pro possessore*, bien qu'il ne prenne pas la qualité d'héritier et qu'il ne paraisse pas « *possidere hereditatem.* » En réalité il se gère comme héritier ; n'indiquant aucune cause spéciale à sa possession de choses héréditaires et, n'étant pas légataire, le droit qu'il prétend avoir ne peut être qu'un droit héréditaire. Il est poursuivi comme le possesseur *pro herede* ; ce dernier se prétend héritier sans l'être, il possède donc aussi *sine causa ;* d'où résulte que l'action n'existe que contre tout possesseur *sine causa ;* et ne peut réussir contre quiconque détient en vertu d'un titre spécial, *pro empto, vel donato, vel legato,* etc... Dans ce cas l'action spéciale doit être intentée. La distinction est surtout importante au point de vue de la preuve à faire par le demandeur et des restitutions imposées au défendeur.

a. Mais comment le demandeur pourra-t-il savoir s'il doit intenter la pétition ou une autre action ? Il interrogera *in jure,* avant la *litis contestatio,* le défendeur. Si celui-ci refuse d'indiquer le titre de sa possession, il sera possesseur *pro possessore ;* s'il se prétend héritier, il possèdera *pro herede* et l'héritier exercera l'action héréditaire. Mais il peut arriver que le défendeur déclare posséder en vertu d'un juste titre et refuse de l'indiquer. Le demandeur peut le mettre en demeure de le faire connaître. L. 2. 3. 31. C. Sinon il sera possesseur *pro possessore*. L. 12. L. 13. 5. 3. Car, son silence ne peut nuire qu'à lui-même et profite au demandeur. L. 11. § 4. 11. 1. Il faut remarquer que le défendeur en indiquant le titre de sa possession, ne fournit pas à son adversaire les moyens de triompher. Il agit au contraire dans son intérêt, puisque sa réponse écarte l'action, à moins qu'il n'ait pas de titre, et alors il est *prœdo* et ne doit pas échapper à la poursuite ; ou qu'il se prétende héritier et, dans ce cas, il se contente d'affirmer ce qu'il croit être vrai.

Cette interrogation *in jure* serait inutile dans la revendication, puisqu'elle existe contre tout possesseur quel que soit son titre, et que, si le propriétaire fait la preuve de son droit de propriété, il rentre dans la possession, sans se préoccuper du droit du possesseur.

L'héritier doit arrêter son action si le défendeur se dit acheteur, donataire, légataire, etc..., à moins qu'après avoir vérifié si ce titre est exact, il ne reconnaisse que l'objet héréditaire a été livré par un incapable de vendre, de donner, de tester, etc...

D. L'action qui ne compète que contre les possesseurs *pro herede* et *pro possessore*, est l'action directe. Il est d'autres possesseurs qui peuvent être poursuivis par la pétition d'hérédité utile. Ce sont tous ceux qui en réalité ne sont pas héritiers, mais que l'on considère en droit comme tels :

Les Possesseurs de biens ;

L'héritier fidéicommissaire à qui l'hérédité a été transmise par un non-héritier ;

Le possesseur qui a reçu l'hérédité à un juste titre quelconque d'un non-héritier.

a. Les possesseurs de biens ne sont pas héritiers d'après le droit civil, mais d'après le droit Prétorien, ils sont *vice heredum.* L. 1. 2. 3. 37. 1.

b. Le fideicommissaire a reçu l'hérédité d'un fiduciaire institué par un testament nul. Il n'est pas possesseur *pro herede,* puisqu'il n'est pas héritier; ni *pro possessore,* le fideicommis étant la cause de sa possession. Mais il est assimilé à un héritier d'après le sénatus-consulte Trébellien, et, dans ce cas, il est tenu comme le possesseur de biens, *pro herede.* L. 13. § 6. 5. 3.

c. Le possesseur qui détient l'hérédité, par exemple comme acheteur et à qui la vente a été faite par un non héritier, est soumis à l'action utile. L. 13. §. 1. 5. 3. *ne singulis judiciis vexaretur.* L. 2. § 20. 18. 1.

Il ne possède ni *pro possessore,* puisqu'il a un titre, ni *pro herede,* puisque ce titre provient d'une convention et que la qualité d'héritier ne peut en résulter, même si la vente eût été consentie par le véritable héritier. Inst. II. 9. § 6. — L. 5. 5. 14. C.

L'action utile n'existe que contre l'acheteur de l'hérédité; l'acquéreur d'objets héréditaires ne peut être considéré comme héritier; il n'est tenu que par les actions spéciales corrélatives à son titre.

Mais l'acheteur de l'hérédité n'est tenu que s'il ne vaut pas mieux pour l'héritier qu'il actionne le vendeur, ou si sa poursuite contre le vendeur ne peut aboutir à une restitution. Le vendeur remplit, en effet, toutes les conditions nécessaires à l'exercice de l'action directe. Il ne possède plus, il est vrai, mais quand il a cessé de posséder il était de bonne ou de mauvaise foi, sachant ou ignorant qu'il n'était pas héritier. S'il était de mauvaise foi, *dolo desiit possidere :* il possède *pro possessore.* S'il était de bonne foi, il n'en a pas moins reçu le prix de la vente, ou bien il a encore l'action pour se le faire payer. Or, le prix et l'action rentrent dans l'action directe. L. 20 § 17. 5. 3. Mais il peut arriver que le vendeur soit absent, insolvable, ou que le prix de la vente soit inférieur à la valeur réelle de l'hérédité, l'héritier a intérêt à s'adresser à l'acheteur, même dans ce dernier cas, car si le vendeur était de bonne foi « *in id duntaxat tenetur in quo locupletior factus est.* L. 25. § 11. h. t.

Ainsi l'acheteur n'est tenu, que si l'héritier ne peut obtenir satisfaction du vendeur. Cet avantage existe en faveur même de celui qui, connaissant l'incapacité du vendeur, lui a acheté cependant l'hérédité. On ne peut dire, en effet, qu'il possède *pro possessore* et qu'il est ainsi soumis à l'action directe. *Pro possessore possidet prædo.* L. 11 § 1. h. t. — Mais il n'est pas *prædo. Nemo enim prædo est qui pretium numeravit.* L. 13. § 8. h. t. — S'il ne possède pas *pro possessore,* l'action directe n'existe pas contre lui, il n'y a que l'action utile qui ne compète contre l'acheteur qu'après avoir été dirigée contre le vendeur. L. 13. § 4. h. t. — Quelques jurisconsultes pensaient cependant, contrairement à l'avis d'Ulpien, que l'acheteur de mauvaise foi possédait *pro possessore,* et cette opinion paraît reproduite par la Const. 2. 3. 31. C. — Il y est question d'une personne qui, de mauvaise foi, a acheté la moitié des biens d'une hérédité, et les empereurs décident qu'elle sera tenue de restituer tous les fruits « *quasi malæ fidei possessor,* » c'est-à-dire comme *prædo,* et par conséquent comme possédant *pro possessore*. Mais il faut remarquer que cette constitution, bien qu'elle se trouve sous ce titre *« De petitione hereditatis »* ne peut être appliquée à un acheteur de l'hérédité, mais seulement à un acheteur de biens héréditaires qui ne peut être poursuivi que par la revendication. Cet acheteur de biens héréditaires n'est pas à la place de l'héritier, il n'est pas tenu des dettes comme l'acheteur de l'hérédité, car il n'achète que les biens; or : *« Bona intelligentur quæ deducto ære alieno supersunt. »* L. 39 § 1 ° 16. — Ni l'action directe, ni l'action utile n'ex ent contre lui. Ce n'est pas seulement le terme dont se servent les empereurs *« bonorum partem dimidiam comparavit »* qui permet de croire qu'il s'agit là d'un acheteur de biens héréditaires, mais surtout les conséquences qu'ils en tirent. — S'ils eussent voulu parler de l'acheteur d'une hérédité et décider qu'il était possesseur *pro possessore*, et comme tel soumis à la pétition, on ne comprendrait pas la distinction entre la vente postérieure et la vente antérieure à la demande. Dans le premier cas, l'acheteur doit restituer tous les fruits; dans le second, les fruits perçus depuis la *litis contestatio;* mais s'il s'agissait d'une action en pétition d'hérédité, cette distinction ne serait pas possible et les empereurs même le font remarquer *« Fructibus augetur hereditas, cum ab eo possidetur a quo peti potest. »* L'acheteur de l'hérédité devrait, dans tous les cas, restituer tous les fruits. Si la question est soulevée, c'est qu'il s'agit d'une personne qui possède *pro empto* et qu'on ne peut attaquer par la pétition. C'est du reste ce que porte la Constitution 2 : *« Emptor autem qui proprio titulo possessionis munitus est, etiam singularum rerum jure convenitur. »* — Et le sens de cette phrase est d'autant plus précis qu'elle est en opposition dans le texte avec la phrase précédente qui a trait à l'acheteur de l'hérédité.

Cette règle générale, que l'héritier doit s'adresser d'abord au vendeur, explique le § 9. L. 13. 5. 3. qui, sans elle, paraîtrait contraire aux Constitutions 2 et 3. 7. 37. de Zénon et de Justinien. L'action utile est accordée, par la loi 13, contre celui qui a acheté au fisc une hérédité comme vacante. Cependant les Constitutions décident que quiconque a acheté au fisc ne peut être inquiété, que le fisc seul est responsable et seulement pendant quatre ans. Si l'héritier doit agir d'abord contre le vendeur, il ne parviendra jamais à atteindre l'acheteur du fisc, car le fisc étant toujours solvable, l'héritier a intérêt à le poursuivre. L'action utile existera, mais ne pourra être exercée, parce que l'action directe aura réussi.

E. Les aliénations faites par un possesseur, même de bonne foi, n'empêchent pas, en général, l'héritier d'exercer l'action en revendication contre les tiers acquéreurs d'objets héréditaires. L. 2. L. 7. 3. 31. C. — L. 4. 7. 31. C. — C'est aussi ce que décide la loi 25 § 17. 5. 3. — Mais il faut cependant concilier ces décisions avec les principes spéciaux à la pétition d'hérédité.

Ainsi, la revendication ne doit jamais produire des résultats contraires à la règle « quatenus locupletior » en vertu de laquelle le possesseur de bonne foi n'est tenu que dans les limites de son émolument.

Dans les revendications ordinaires, le possesseur de bonne foi qui a vendu un objet appartenant à autrui, n'est pas tenu vis-à-vis du revendiquant, puisqu'il ne possède plus et que le prix de l'objet vendu ne vient jamais « *in rei vindicationem.* » Il ne serait tenu que s'il était de mauvaise foi et il devrait alors l'estimation de la chose, non le prix. Mais, s'il n'est pas tenu vis-à-vis du revendiquant, il est soumis aux recours en garantie de ses acheteurs.

En matière de pétition d'hérédité, le possesseur de bonne foi, bien qu'il ait cessé de posséder, peut être actionné par l'héritier, parce que en cette matière seulement, le prix remplace la chose vendue qui est censée exister encore entre les mains du possesseur. La chose et le prix viennent in *hereditatis petitionem*. — Mais les recours en garantie contre le vendeur n'existent pas en faveur de l'acheteur.

De cette règle : *pretium succedit in locum rei*, il résulte que l'héritier peut poursuivre, à son choix, le possesseur et l'acheteur, puisque l'un et l'autre possèdent ; mais ce choix n'existe qu'autant que les actes du possesseur n'ont pas été ratifiés par l'héritier, c'est-à-dire, si ce dernier n'a pas demandé compte au possesseur des biens héréditaires, ni exigé le prix de vente. Dans ce cas, les acquéreurs inquiétés par lui le repousseraient par l'exception de *dol* : « *Si minori pretio res venierint et pretium quodcumque illud actor sit consecutus, multo magis poterit dici exceptione eum summoveri.* »

Si au contraire, l'héritier ne poursuit pas le vendeur, il peut revendiquer contre les acheteurs. C'est ici qu'il faut appliquer la règle, *quatenus locupletior*; car les décisions des jurisconsultes paraissent ne se préoccuper que de cette règle en faveur du possesseur de bonne foi. Ainsi le résultat naturel de l'action de l'héritier sera modifié, pour que cette règle ne soit pas violée.

Ce possesseur peut détourner l'action dirigée contre l'acheteur, en offrant de payer à l'héritier la valeur de la chose.

La revendication de l'héritier sera encore repoussée par une exception, *ex persona venditoris*, toutes les fois que l'acheteur aurait un recours contre le possesseur. Ce recours augmenterait, contrairement aux termes du S. C. Juventien, les obligations du possesseur de bonne foi. Il n'est tenu de restituer que ses profits ; s'il a dissipé le prix de vente et qu'un recours soit exercé contre lui, il devra rembourser le prix qu'il a dissipé, ce qui le constitue en perte. C'est pour éviter cette contradiction avec le S. C que les acheteurs repoussent l'héritier par la *præscriptio: quod prœjudicium hereditati non fiat, inter actorem et eum qui venum dedit*, dont le but est de faire engager le procès, de telle sorte que le possesseur ne puisse être tenu, que de ses profits. L'héritier supportera les pertes. Il faut remarquer que c'est là une dérogation manifeste aux revendications ordinaires, et qui provient de cette règle, étrangère aux revendications, spéciale à la pétition, « *pretium succedit in locum rei* » ; elle légitime ce renvoi de l'héritier contre le vendeur. Mais il peut se faire que le prix ait été dissipé entièrement. Peut-on dire alors que « *succedit in locum rei?* » Il faudrait répondre non, selon une argumentation trop subtile que repousse Ulp'en. Dans ce cas, comme dans celui où le prix existe, les acheteurs repoussent la revendication.

F. On peut agir par la pétition, non-seulement con-

tre le possesseur lui-même, mais aussi contre ceux
qui ont le possesseur en leur puissance, contre le
père ou le maître dont le fils ou l'esclave possèdent.
L'action existe directement contre le fils, puisqu'il peut
restituer ; l'esclave ne pouvant ester en justice, la réclamation serait formée contre le maître. Ce sont les
principes de la pétition qui régissent les restitutions à
faire par le père ou le maître, poursuivis comme s'ils
étaient détenteurs. Il en est de même si la personne
en puissance est débitrice de l'hérédité, soit, parce
qu'elle est obligée vis à vis d'elle, soit parce qu'elle a
vendu des objets héréditaires, pourvu toutefois que
les sommes ou les prix dus existent encore et n'aient
pas été dissipés ; le maître ou le père ne serait, dans
ce dernier cas, tenu que jusqu'à concurrence du pécule, et conformément aux principes de l'action *de
peculio.*

Objet de la demande.

L'héritier « *ex asse, vel ex parte* » agissant par la
pétition « *contendit hereditatem suam esse totam vel pro
parte,* » selon l'étendue de son droit ; et il fait cette
affirmation, quelle que soit la chose possédée par le
défendeur, *licet minimam.* L. 10. § 1. — 5. 3 ; mais le
juge ne doit ordonner la restitution, que des choses
détenues par le défendeur, c'est-à-dire, des objets
héréditaires possédés *pro herede* ou *pro possessore.*
A. Nous avons dit que par objets héréditaires, il
fallait entendre : « *jura, corpora, actiones.* L'action

s'étend à la fois sur les biens dont le défunt était possesseur et propriétaire avant sa mort et sur ceux qu'il pouvait revendiquer et retenir, comme aussi sur les choses qui étaient à ses risques et périls.

a. Bien que le droit héréditaire soit *successio in id jus quod defunctus habuit*, on admet que l'héritier peut réclamer les biens acquis à l'hérédité après la mort du *de cujus*, car l'hérédité continue la personne du défunt. Par conséquent, tout ce qui est venu accroître la masse des biens héréditaires, les choses acquises par des esclaves héréditaires, ou achetées par l'héritier apparent « *hereditatis causa* », les sommes réalisées par le possesseur, les fruits des biens de l'hérédité, peuvent faire l'objet d'une demande de l'héritier et la restitution doit en être ordonnée par le juge.

b. Les fruits que produit l'hérédité après la mort du *de cujus*, font partie de cette hérédité, « *fructus augent hereditatem.* L. 20. L. 25. § 20. 5. 3. L. 2. 3. 31. C., même ceux qui proviennent d'un gage donné au défunt et les fruits des fruits. L. 41. § 1. L. 26. 5. 3., quelle que soit du reste, la cause de leur perception. L. 44. *h. t.* — La part des esclaves est assimilée aux fruits. L. 27. *h. t.*

La pétition d'hérédité présente cette différence avec la revendication, que le possesseur héréditaire de bonne foi doit tous les fruits, même ceux qu'il a perçus avant la *litis contestatio*, tandis que le possesseur de bonne foi de l'objet revendiqué fait les fruits siens, tant qu'il est de bonne foi. On comprend aisément le motif de cette différence. Le possesseur de bonne foi fait les fruits siens, parce qu'il peut usucaper, en vertu de son juste titre; l'héritier apparent au contraire, n'a pas de juste titre et ne pourrait usucaper.

c. L'héritier peut aussi réclamer par la pétition d'hérédité les droits héréditaires exercés par des tiers se trouvant dans les mêmes conditions que les possesseurs *pro herede*, ou *pro possessore*. C'est ainsi qu'il peut agir contre les débiteurs héréditaires qui refusent de payer, se prétendant héritiers. On les considère comme des « *juris possessores* », et il est naturel que la pétition existe contre eux, puisque se prétendant héritiers, ils soulèvent une « *controversia de hereditate* ». L'héritier peut exercer ainsi toutes les actions qu'avait le défunt et même celles qui ont été acquises à l'hérédité, ou au possesseur à l'occasion d'une chose héréditaire.

Il peut poursuivre ceux que l'esclave a obligés par ses stipulations vis-à-vis de l'hérédité. Ceux qui ont géré les affaires de l'hérédité ou sont devenus ses débiteurs par les dommages qu'ils lui ont causés. Mais l'action n'existe contre eux que si leur refus de payer renferme une contestation du droit héréditaire, c'est-à-dire, s'ils se prétendent héritiers ou refusent sans motif, sinon l'action spéciale compète à l'héritier.

Ainsi la dette est considérée comme chose héréditaire, et le débiteur comme possesseur de de cette chose. S'il refuse de restituer, parce que le droit du demandeur à l'hérédité ne lui paraît pas établi, il ne possède la dette ni *pro herede*, puisqu'il ne se prétend pas héritier, ni *pro possessore*, puisque son refus de payer est basé sur l'ignorance ou le doute, sur le droit du demandeur et qu'il se déclare prêt à payer si ce droit est prouvé. L'héritier doit avoir recours à l'action spéciale, car il ne peut contester la qualité d'héritier, à une personne qui ne la prend pas. Mais la pétition serait admise, si le débiteur se prétendait héritier.

B. Les résultats de l'action peuvent être modifiés selon que l'héritier agit par la pétition ou par l'action spéciale : si une personne a causé à l'hérédité un dommage prévu par la loi *Aquilia*, elle peut se défendre, soit en niant le dommage, soit en se prétendant héritière. L'héritier exercera, selon le cas, l'action de la loi *Aquilia* ou la pétition ; mais il n'obtiendra par la pétition qu'une condamnation simple, tandis que par l'action de la loi *Aquilia* elle eût été du double. Celui qui nie le dommage est condamné au double. L. 23. § 10. 9. 2.

Le débiteur poursuivi par l'action spéciale, est tenu comme débiteur et à cause de son obligation; d'où cette conséquence, que s'il est débiteur à terme ou sous condition, il repoussera l'action jusqu'à ce que la condition soit accomplie ou le terme arrivé ; car l'obligation n'existe pas avant que la condition soit remplie et n'est pas exigible avant le terme. Le débiteur au contraire, que l'on considère comme *juris possessor* et que menace la pétition, est tenu à cause de sa possession; il importe peu que sa dette soit à terme ou sous condition ; il y a un fait certain qui légitime l'action, c'est la possession d'un droit qui n'est pas à lui et dont l'héritier a intérêt à démontrer qu'il est investi. Le *juris possessor* n'en jouira pas moins du terme ou de la condition, pourvu qu'il donne caution de payer si la condition s'accomplit ou quand le terme sera arrivé ; car il n'avoue pas comme le premier débiteur que la dette pourra exister; il se prétend déjà libéré d'une dette qui n'existe pas encore, mais qui existera et il tire le motif de sa libération d'une qualité qui appartenant déjà à l'héritier, l'autorise à poursuivre tous ceux qui la lui contestent.

c. Le possesseur de l'hérédité est tenu de céder à l'héritier toutes les actions qu'il a acquises contre des tiers. Elles ne sont pas, il est vrai, héréditaires, mais elles proviennent d'une chose héréditaire et on les assimile aux fruits, qui, comme elles, proviennent *ex re hereditaria* et font partie de l'hérédité. Ainsi, lorsque le possesseur a vendu, loué, etc., des objets héréditaires, il doit céder ses actions à l'héritier, s'il y a lieu de les exercer. De même, si par suite de violence, le possesseur peut exercer l'interdit *unde vi*, il doit le céder à l'héritier, mais ce dernier n'a aucun droit à obtenir des dommages à cause de la violence ; car ce n'est pas lui qui en a souffert; il ne pourrait non plus exiger d'un débiteur héréditaire le paiement des sommes qu'il a promises au possesseur, si actionné par lui, il faisait défaut. Ce n'est pas, en effet, l'héritier qui est lésé. L. 21. 5. 3.

Ce n'est pas par la pétition d'hérédité que l'héritier peut agir relativement aux servitudes, « *cum nihil eo nomine possit restitui* » L. 19. §3. *h. t.* Il se servira des actions spéciales; la pétition doit avoir toujours pour but une restitution ; si par exemple, on refuse à l'héritier l'exercice d'une servitude de passage, à quelles restitutions aboutirait l'action ? Il n'y aura pas de restitutions possibles. Mais ce principe doit être restreint aux servitudes prédiales, car les servitudes personnelles, l'usufruit, l'usage, l'habitation, peuvent, sans contredit, faire l'objet d'une restitution.

L'héritier ne peut agir par la pétition pour faire valoir les droits qui lui sont personnels; ainsi les droits qu'il acquiert à l'occasion de l'hérédité après avoir fait adition, ne peuvent être exercés par la pétition. Il ne peut

3

réclamer par cette action la possession des biens dont il a achevé l'usucapion , bien que le principe de l'usucapion remonte au défunt. Si un affranchi vend , en fraude, les biens d'une hérédité appartenant à son patron, les acquéreurs sont tenus par l'action calvisienne, qui compète au patron. Mais la pétition d'hérédité n'existe pas ; la vente a donné naissance à une action qui n'a plus pour cause l'hérédité. L. 16. § 6. 5. 3.

Du but et des effets de la Pétition d'hérédité.

Le but immédiat de cette action est la constatation du droit héréditaire au profit du demandeur. La restitution de ce que le possesseur détient ou a détenu des biens héréditaires, en est la conséquence. Le juge doit être investi du double pouvoir de constater le droit héréditaire et d'ordonner les restitutions. L. 33. §. 1. 6. 1.

Nous savons ce que peuvent comprendre ces restitutions ; il faut examiner les règles qui déterminent l'étendue des pouvoirs du juge, et le guident dans la sentence qui ordonne ces restitutions.

A. Le juge peut comprendre dans « l'arbitrium » tout ce que le défendeur possède, *pro herede* ou *pro possessore*, au moment du jugement; ainsi, le demandeur a agi pour obtenir certains objets possédés par le défendeur, et, pendant le procès, le défendeur est entré en possession d'autres objets qu'il ne possédait pas au moment de la demande, le juge ordonnera, non-seulement la restitution des premiers, mais encore de ceux que le défendeur a commencé à détenir postérieurement, soit avant, soit après la *litis contestatio*. L. 41. § 3. L. 4. *h. t.*

a. Si l'action a été engagée contre un défendeur qui, dans le principe, n'était ni *rei*, ni *juris possessor*, mais qui plus tard l'est devenu, la condamnation sera possible. L. 18. § 1. *h. t.* Cependant l'action n'existe que contre celui qui : « *vel jus possidet*, *vel rem hereditariam*. » L. 9. *h. t.* Si, au moment de la demande, le défendeur ne possède pas, le demandeur n'a pas d'action; comment se fait-il qu'il puisse agir? Il est vrai que si le demandeur reconnaît que le défendeur ne possède pas, le procès ne peut s'engager; mais il s'engagera, au contraire, si, tandis que le défendeur nie la possession, le demandeur fait la preuve de l'existence de cette possession, et sa demande deviendra recevable si, pendant le cours de l'instance, la condition dont l'absence empêchait la réussite de l'action, c'est-à-dire la possession du demandeur, vient à être remplie.

Du reste, il faut remarquer que la nature de cette action est telle que ce ne sont pas seulement les objets héréditaires énoncés par le demandeur qui » *in judicium deducuntur*, » mais encore tous les objets héréditaires, quels qu'ils soient, dont le défendeur a la possession. Le droit héréditaire étant constaté au profit de l'héritier, tout ce que le demandeur détient en vertu de ce droit qu'il n'a pas, doit être restitué.

b. Le juge, après avoir résolu affirmativement la question posée dans l'*intentio* de la formule, a le pouvoir de fixer une satisfaction, moyennant laquelle le

défendeur évite la *litis æstimatio* et la condamnation:
« *condemna nisi restituat.* » Cette satisfaction sera la
restitution des objets héréditaires.

B. Tant que la masse des biens héréditaires est
telle que, « *mortis tempore,* » qu'elle n'a subi, par
le fait du possesseur, ni détérioration, ni diminu-
tion, il ne peut s'élever de difficultés sur la quotité
des restitutions. Le possesseur, *pro herede,* ou *pro
possessore,* doit tout restituer. Mais si l'hérédité a été
détériorée ou diminuée par un fait plus ou moins imputable au possesseur, la quotité des restitutions va-
rie, selon que le possesseur est de bonne ou de mauvaise foi.

Un sénatus-consulte, rendu sous Adrien, le 14
mars de l'année 129 de l'ère chrétienne, et 882 de la
fondation de Rome, et que l'on nomme sénatus-consulte d'Adrien, ou S. C. Juventien, du nom de l'un de
ses auteurs, pose les principes qui déterminent quelles
différences existent entre le possesseur de bonne et de
mauvaise foi, et les résultats de ces différences relativement aux restitutions.

a. Le possesseur de bonne foi est celui qui « *se heredem esse existimat.* » Il ne suffit pas que cette croyance
existe; mais, il faut qu'elle ait un fondement juridique,
que le possesseur ait un juste motif de se croire héritier,
soit *ex testamento,* soit *ab intestat;* son erreur doit être
légitime. Ainsi, celui qui de bonne foi, se croyant héritier et l'affirmant, s'est mis en possession de l'hérédité,
sans pouvoir cependant donner une cause légitime à son
erreur, possède *pro herede,* mais de mauvaise foi ; celui,
au contraire, qui, institué héritier par un testament
qu'il devait croire valable, est entré en possession, pos-

sède de bonne foi, bien que plus tard et par une cause
inconnue de lui, par exemple la naissance d'un enfant
posthume, omis dans le testament, le testament soit
« ruptum. » De même celui, qui ignorant l'existence ou
la qualité d'héritiers d'un degré préférable, s'est cru
héritier et s'est mis en possession.

L'erreur de fait est certainement excusable. L. 2.
l. 9. 22. 6. Mais est-il possible de croire de bonne foi
celui qui commet une erreur de droit; qui, par exemple,
se prétend héritier en vertu d'un testament où les
formes de droit ont été omises? En général, l'erreur de
droit ne profite pas à celui qui la commet « juris ignorantiam cuique nocere, facti vero ignorantiam non nocere. » L. 9. Pr. h. t. Cependant une exception est
admise à cette règle : « juris error in damnis amittendæ
rei suæ non nocere. » L. 8. h. t. Le possesseur qui
commet une erreur de droit se trouve dans le cas prévu
par cette dernière loi. Car la question n'a d'intérêt que
si on lui réclame des objets qu'il ne possède plus et
dont il devrait supporter la perte sur ses biens, s'il ne
profitait pas de l'erreur de droit.

b. Le possesseur de mauvaise foi est celui qui se met
en possession d'une hérédité, sachant très bien qu'elle
ne lui appartient pas, n'ayant aucun motif à donner de
sa possession ou l'appuyant sur un titre qu'il sait être
nul. Dans le principe il se peut qu'il ait été de bonne
foi; mais, si dans la suite, il a appris qu'il était étranger
à l'hérédité et qu'il ait néanmoins continué à détenir,
il devient possesseur de mauvaise foi.

Le possesseur de bonne foi n'est tenu, que dans les
limites de l'émolument qu'il possède « quatenus locupletior ex ea re factus est, » dit le sénatus-consulte.

Le possesseur de mauvaise foi doit restituer la masse
des biens héréditaires, comme si elle n'avait pas été
amoindrie par son fait « *condemnandus quasi possideret.* » Il répond de son dol et de ses fautes même antérieures à la *litis contestatio.* Son obligation de restituer
s'étend non-seulement aux choses dont il a perdu la
possession, mais encore, à celles qu'il aurait pu acquérir
pour l'hérédité et qu'il n'a pas acquises. Cette dernière
disposition constitue une innovation du sénatus-consulte. Selon le droit commun, l'abstention d'actes préju-
diciables est obligatoire pour tous ; le possesseur de
mauvaise foi est non-seulement tenu de cette obligation
négative, mais aussi de veiller activement à l'améliora-
tion de la chose qu'il détient indûment. Il doit éviter les
pertes et acquérir les gains possibles. L'hérédité profitera
de ce qu'il aura fait d'utile, mais elle ne souffrira pas
de ses négligences ou de ses fautes, à plus forte raison,
de son dol. Il est même tenu des faits qui lui sont imputables avant la *litis contestatio,* bien qu'il paraisse
étrange qu'à cette époque, il puisse être déjà obligé
envers le demandeur qu'il ne connaît pas, qui ne l'a
pas mis en demeure de restituer. Sans doute, il sait
qu'il détient le bien d'autrui, mais sait-il qui est le véritable propriétaire ? Il est vrai qu'il est possible que
l'héritier lui soit inconnu, mais son dol le constitue en
demeure de restituer ; il est en faute de s'être emparé
de ce qui n'est pas à lui, il doit s'attendre sans cesse à
le rendre et le gérer plutôt comme la chose d'autrui,
que comme la sienne propre. Aussi ne faut-il pas
s'étonner qu'il soit obligé par le dol antérieur à la *litis
contestatio (Dolus præteritus.)*

Application des dispositions du S. C. Juventien au
possesseur de mauvaise foi.

Ces dispositions sont relatives à la restitution des
biens héréditaires et aux obligations provenant de certains actes du possesseur, d'où résultent un profit pour
lui ou une perte pour l'hérédité.

A. Le possesseur de mauvaise foi doit restituer les
biens dont il a perdu la possession « *Condemnandus
quasi possideret* », soit par dol « *pro possetione dolus es!* »,
soit par sa faute « *quotiens culpa intervenerit; perpetuari
obligationem.* » L. 31. § 3. 23. 1..., soit même par cas
fortuit « *quia si petitor rem consecutus esset, distraxisset* »
L. 7. L. 20. § 21. 3. 3.... On peut supposer, en effet,
que le demandeur aurait vendu la chose perdue par cas
fortuit, et aurait profité du prix; s'il ne l'a pas fait,
c'est parce que le possesseur l'en a empêché. La chose
est perdue, mais non le prix. Du reste, la mauvaise
foi du possesseur le met en demeure de restituer et le
rend par conséquent responsable des risques.

a Dans certains cas, cependant, la perte de la possession est due à des circonstances qui la légitiment et
libèrent le possesseur. Ainsi, le possesseur est libéré
par une éviction prononcée en justice; car l'héritier
lui-même n'aurait pu l'éviter.

Le possesseur n'est pas non plus responsable des
événements, que les soins et les prévisions de l'homme,
ne peuvent arrêter, et qui se fussent produits, alors
même qu'il n'eût pas possédé. Si, par exemple, le feu

du ciel incendie une maison faisant partie de l'hérédité, il est juste que la perte soit supportée par l'héritier, mais seulement dans le cas où, avant l'accident, il n'eût pas pu la vendre (1); ni la perte de la chose, ni celle du prix, ne sont imputables au possesseur.

b. L'héritier ne doit pas réclamer non plus les objets qu'il a déjà obtenus du possesseur, qu'il a reçus comme légataire, en vertu du testament nul, qui instituait héritier le possesseur, ni ceux que le possesseur a vendus dans l'intérêt de l'hérédité: pour éteindre des créances productives d'intérêt, ou dont le paiement était exigible sous clause pénale.

c. Le possesseur, qu'il soit de bonne ou de mauvaise foi, ne doit pas s'enrichir à cause de l'hérédité. Il doit restituer tous les profits qu'il a retirés des biens héréditaires, même s'il prouve qu'ils sont le résultat de son habileté personnelle. Aussi le possesseur de mauvaise foi est-il tenu de rendre à l'héritier toutes les sommes reçues de débiteurs héréditaires, les prix des ventes consenties par lui, etc... Mais son obligation ne s'arrête pas là. En cas de perte pour l'hérédité, il est responsable. Ainsi, il est comptable vis-à-vis de l'héritier, même des sommes qu'il n'a pas exigées des débiteurs héréditaires, s'il pouvait les forcer à payer, et que pendant son inaction, ces débiteurs aient prescrit l'action, ou soient devenus insolvables. Ce sont là des prestations que l'on nomme personnelles L. 25, § 18. 5. 3. Mais le possesseur n'en est tenu que s'il pouvait actionner les débiteurs, car s'il n'avait pas d'action contre

____

(1) S'il était mineur. L. 1. Pr. 27. 9.

eux, si leur dette, par exemple, remontait au défunt, il n'est pas en faute de ne pas l'avoir exercée.

B. Les mêmes principes sont applicables aux fruits des biens héréditaires. *Fructus percipiendos etiam restiturus est.* Le possesseur de mauvaise foi doit les fruits perçus avant la demande, consommés ou exstants, quelle que soit la cause de leur acquisition, fût-elle peu morale et que probablement l'héritier n'en eût pas profité « *Licet à lupanario percepti sint* » L. 27. § 1. « *ne hones'a interpretatio non honesto quaestui lucrum possessori faciat* » L. 52-5. 5. De même pour le possesseur de bonne foi qui possède encore ces fruits « *omne lucrum auferendum esse tam bonae fidei possessori quam praedoni dicendum est* » L. 28. 5. 3.

a. Le possesseur de mauvaise foi doit aussi les fruits qu'il n'a pas perçus, mais qu'il aurait dû percevoir. « *Fructus non modo percepti sed et qui percipi honeste potuerunt.* » L. 33. 6. 1. Ainsi, la restitution ne comprend que les fruits qu'il aurait pu percevoir *honeste.* Il doit le double de la valeur de ces fruits : *qui ex hereditate fructus capere vel possidere neglexit duplam earum aestimationem praestare cogitur.* » Paul. Sent. L. 1. Tit. XIII B § 1.

C. Le possesseur de mauvaise foi doit les intérêts des sommes qu'il a touchées : il doit le capital et les intérêts, même de l'argent qu'il a dépensé pour son usage personnel. Comme pour les fruits, son obligation s'étend à la fois, sur les intérêts perçus et sur ceux qu'il aurait pu retirer. Il devient débiteur dès le moment de la perception. Il faut remarquer que les sommes d'argent seules sont productives d'intérêt et que le possesseur ne doit les intérêts que pour les sommes d'argent. Ainsi,

il ne doit pas les intérêts des fruits perçus avant ou
après la *litis contestatio* ; mais s'il a vendu ces fruits,
le prix de vente est productif d'intérêts dont l'héritier
peut demander le remboursement. Si le possesseur a
consommé les fruits, il est considéré cependant comme
les possédant encore ; il est vrai que, ne pouvant les
restituer, il devra en fournir le prix, mais ce prix ne
produit pas intérêt, parce qu'il n'est qu'un moyen de
libération, que le possesseur ne le doit pas, que les fruits
seuls devraient être restitués. Ainsi, les intérêts des
fruits ne seront dus par le possesseur, que si ces fruits
ont été transformés en argent, ou consommés de telle
sorte que le possesseur cesse d'être considéré comme
les ayant encore en sa possession, et devienne débiteur
seulement de leur prix (1).

Après la *litis contestatio*, les fruits ne produisent plus
intérêt, car ils ne peuvent être représentés par des
sommes d'argent ; celui qui les possède est toujours de
mauvaise foi, et « *condemnandus quasi possideret* », même
s'il ne possède plus. Son obligation consiste dans une
restitution de choses et non dans le paiement d'un prix.

Le possesseur de mauvaise foi, qui n'a pas fait valoir
des sommes d'argent trouvées dans les biens héréditaires,

(1) C'est le cas prévu par la loi 51. § 1. 5. 3, qui suppose que
le possesseur doit les intérêts des fruits perçus avant la *litis contestatio*. Il s'agit dans cette loi d'un possesseur de bonne foi qui
a consommé les fruits, mais s'est enrichi. Il n'est pas « *condemnandus quasi possideret* » ; mais il est tenu « *quatenus locupletior factus est* ». Il ne doit pas les fruits, mais l'évaluation
de l'émolument qu'il a retiré des fruits, par conséquent, une somme
d'argent, qui doit produire des intérêts.

n'en doit pas les intérêts. L. 25. § 11. 5. 3. ; car on ne peut exiger qu'il prête ces sommes en son nom et devienne responsable de l'insolvabilité du débiteur.

D. La règle « *condemnandus quasi possideret* » n'a pas seulement pour résultat d'obliger le possesseur de mauvaise foi à restituer ce qu'il aurait pu acquérir. — Par une fiction de droit, le possesseur est traité comme s'il possédait : or, la conséquence de cette possession est la restitution des fruits et des intérêts des choses et des sommes possédées et perçues. L'héritier aura le droit de réclamer ces intérêts et ces fruits, bien que le possesseur ait cessé de les percevoir, et même qu'il ne les ait jamais perçus.

a. Une autre conséquence de cette règle est relative à l'estimation des biens, que le possesseur ne détient plus, ou dont l'acquisition est devenue impossible par sa faute. S'il a vendu, par exemple, des biens à un prix inférieur à leur valeur, on suppose qu'il les possède encore : par conséquent il doit, non le prix de vente, mais la valeur réelle de ces biens, puisque le fait de la vente n'est pas opposable à l'héritier : on suppose, en effet, que le possesseur n'a pas vendu.

b. Cette règle est toute en faveur de l'héritier : ainsi il a le choix d'agir contre le possesseur « *quasi possideret,* » ou de rejeter cette fiction, c'est-à-dire de réclamer la chose et les fruits, ou le prix et les intérêts. L. 20. § 12. § 15. 5. 3. La chose et le prix rentrent également dans la pétition d'hérédité. — On comprend que l'héritier ait intérêt à réclamer, tantôt la chose, si elle produit des fruits considérables, tantôt le prix s'il est supérieur à la valeur réelle de la chose, ou qu'elle ne produise pas de fruits. Cependant ce droit d'option ne

lu appartient que si le possesseur est responsable de la
chose et du prix : si, par un cas fortuit, que l'héritier
même n'eût pas pu éviter, un objet héréditaire est détruit, le possesseur n'est pas en faute, de telle sorte
que la perte de la chose lui soit imputée; mais il est
en faute de n'avoir pas restitué avant l'accident, tandis
que l'héritier aurait pu vendre l'objet, et la perte du
prix lui est imputable. Dans ce cas, l'héritier n'a droit
qu'au prix et aux intérêts.

c. Les termes impératifs du sénatus-consulte « *condemnandus* » paraissent d'abord enlever au juge le
pouvoir de condamner le possesseur, autrement que
« *quasi possideret.* » Pourtant, il est évident que cette
disposition n'a pas pour objet de favoriser le possesseur, mais l'héritier, et que ce dernier peut renoncer à
son bénéfice, s'il trouve un plus grand avantage à ne
pas se prévaloir de cette possession fictive introduite
en sa faveur. Du reste, le sénatus-consulte dispose expressément, que le possesseur de bonne foi, qui a vendu
des biens héréditaires, doit le prix total de la vente,
malgré la perte ou la détérioration de ces biens, sur-
venue avant la demande.

Si le juge était forcé de condamner, dans ce cas, le
possesseur de mauvaise foi « *quasi possideret* », la restitution ne pourrait comprendre que les biens perdus ou
détériorés, et le possesseur gagnerait le surplus du
prix; or, tout profit, à raison des biens héréditaires,
doit lui être enlevé, et il ne serait pas juste que, par
suite de sa mauvaise foi, il fût mieux traité que le possesseur de bonne foi. Ainsi la règle *condemnandus
quasi possideret* » n'est appliquée qu'autant qu'il y a intérêt pour le demandeur.

E. La *litis contestatio* ne modifie pas l'étendue des obligations du défendeur de mauvaise foi, mais, d'après le sénatus-consulte, elle a pour résultat de transformer le possesseur de bonne foi en possesseur de mauvaise foi, et Ulpien ajoute que ce résultat se produit même dès que la demande est formée « *post motam controversiam omnes possessores pares fiunt et quasi prædones tenentur.* » L. 25. § 7. 5. 3.

Par ces mots « *post motam controversiam,* » il ne faut pas entendre que le défendeur ne devient de mauvaise foi, que par une citation en justice, mais dès le moment où il rentre dans cette définition du possesseur de mauvaise foi : « *qui scit hereditatem ad se non pertinere.* » Ainsi une demande extrajudiciaire peut lui faire reconnaître son erreur, et son devoir est de restituer immédiatement, sinon il ne peut plus arguer de la bonne foi de sa possession, puisque le demandeur l'a averti qu'il détenait indûment.

Cependant, il existe d'importantes différences entre ce possesseur, dont la mauvaise foi ne remonte qu'à la demande, et celui dont la possession tout entière est viciée. Ce dernier est toujours en demeure de restituer; aussi est-il responsable des risques, la perte et la détérioration des biens sont à sa charge. Le premier n'est en demeure que si au moment de la demande il doit reconnaître que l'hérédité n'est pas à lui, s'il ne peut douter que les prétentions du demandeur soient fondées; car il peut se faire que, malgré la réclamation formée par le véritable héritier, le défendeur ait de justes motifs de croire valable le titre en vertu duquel il détient : par exemple, s'il ne connaît pas cet héritier ou qu'il doute de son droit à l'hérédité. Il ne faudrait

pas que, de peur de supporter les risques, il aban-
donnât, sans la défendre, l'hérédité à une personne
dont le droit est peut-être contestable. Ce motif d'équité
est, du reste, sanctionné par la loi 21. pr. 22. 1. « *Si
quis solutioni quidem moram fecit, judicium autem acci-
pere paratus fuit, non videtur fecisse moram, utique si
ad judicium provocavit.* »

S'il n'est pas en demeure, le possesseur ne répond
pas de la perte des biens héréditaires. Il est encore
favorablement traité dans un cas particulier prévu par
la loi 18. 5. 3. Cette loi suppose que le testateur dont
le testament nul sert de titre au possesseur, a ordonné
à l'héritier qu'il institue, de vendre un objet héréditaire à un tiers. Le possesseur a vendu cet objet, pendant le procès, parce qu'il se croyait obligé d'obéir au
testament; d'après lui ce testament était et est encore
valable; on ne peut dire qu'il ait été en faute. Aussi
n'est-il tenu envers l'héritier que de « *quod bona fide
accepit.* » Le possesseur de mauvaise foi, au contraire,
devrait la valeur réelle de l'objet vendu, et le possesseur de bonne foi ne serait tenu que « *quatenus locupletior* ».

Du possesseur de bonne foi.

A. Avant la *litis contestatio*, le possesseur de bonne
foi n'est tenu envers l'héritier que « *quatenus locupletior factus est.* » Il doit restituer tous les profits qu'il a
retirés de la possession des biens héréditaires; mais
s'il a perdu, étant encore de bonne foi, la possession

de ces biens sans profit pour lui, son obligation est éteinte.

« *Post senatus-consultum, omne lucrum auferendum esse tam bonæ fidei possessori quam prædoni.* » L. 28. §. 3. — *Omne lucrum*, dit Paul, car il importe peu que ces gains proviennent de l'industrie ou des spéculations du possesseur. Ces gains ont été faits à l'occasion de l'hérédité, ce n'est pas le possesseur, c'est l'héritier qui doit en profiter, fût-il probable qu'il aurait manqué de l'habileté nécessaire pour les réaliser. Ainsi le possesseur a vendu à un prix élevé un objet que plus tard il a racheté à bas prix; la restitution de la chose ne le libère pas, il doit encore la différence entre le prix de vente et le prix d'achat.

a. Le possesseur de bonne foi, dit le sénatus-consulte, est tenu « *usque eo dumtaxat quo locupletior factus est,* » à l'occasion de l'hérédité. Tous les biens héréditaires détenus par le possesseur sont évidemment une augmentation de sa fortune, s'il les possède encore; il s'est de même enrichi, si par suite de sa possession des biens et du titre de l'héritier, il a acquis des objets qui devaient rentrer dans l'hérédité et qu'il a gérés à son avantage, qu'il a vendus ou consommés à son profit. Il doit même les fruits qu'il a perçus et consommés pour son usage, bien qu'il les ait recueillis avant la *litis contestatio.* Quant aux fruits existants « *augent hereditatem* » et la restitution en sera faite avec celle de l'hérédité.

B. En ce qui concerne les revendications ordinaires, dans le droit de Justinien, le possesseur devient propriétaire des fruits à l'instant même où ils sont détachés, mais il reste obligé de les restituer au proprié-

taire en même temps que la chose qui les a produits,
à moins qu'il ne les ait consommés de bonne foi, et
avant la revendication du propriétaire. Du temps de
Dioclétien, le droit de Justinien existait, le possesseur devait restituer tous les fruits existants. C'est ce
que déclare la Constitution 22. 3. 32. C. de Dioclétien et Maximien, rendue en 294. « *Certum est malæ
fidei possessores, omnes fructus solere cum ipsa re præstare: bonæ fidei vero, exstantes: post autem litis contes-
tationem, universos.* » Avant cette époque, le possesseur
tenu de la *petitio hereditatis*, devait certainement restituer les fruits exstants, en vertu de ce principe: *fructus
augent hereditatem.* Mais la question de savoir si, à l'é-
poque classique, existait déjà pour les revendications le
droit de Dioclétien, est très-controversée. Pour nous,
nous croyons qu'au temps de Gaïus et d'Ulpien, le possesseur de bonne foi, actionné par la revendication, n'é-
tait pas tenu de restituer les fruits exstants, et que la
loi 22. de *rei vindic. C.* constitue une innovation de
Dioclétien, désirée par les jurisconsultes, amenée par
les progrès de la jurisprudence, mais créant un droit
qui n'existait pas avant elle. Cette opinion s'appuie
sur des arguments de principe et d'analogie, que ne
sauraient renverser des textes, dont les uns sont évidemment altérés, dont les autres peuvent être, avec
raison, soupçonnés d'interpolations.

a. A Rome, si une condition résolutoire est opposée à une translation de propriété, l'accomplissement
de la condition ne transfère pas immédiatement la propriété sur la tête du vendeur. Elle n'y passera que si
le vendeur intente une action *ad dandum* et si l'acheteur lui transfère la propriété par un des modes du

droit. Les Jurisconsultes n'admettaient pas que la propriété pût être transférée sous condition résolutoire. « *Quum ad tempus proprietas transferri nequiverit* » Fragm. Vatic. § 283. et qu'elle pût, *ipso jure*, faire retour sur la tête de celui qui l'avait cédée.

On oppose cependant deux textes, où Ulpien accorde la revendication, immédiatement après l'accomplissement de la condition à celui qui a cédé la propriété sous condition résolutoire. Mais il faut remarquer que cette opinion d'Ulpien est isolée dans la jurisprudence, et que, s'il l'affirme dans la loi 41. 0. 1, il montre clairement dans la loi 29. 39. 0, que c'est là une opinion aventurée, qui peut être défendue, mais n'est pas admise. Il est donc impossible de croire que le possesseur de bonne foi, qui devient propriétaire des fruits par la perception, sera considéré comme ne l'ayant jamais été, et par suite, obligé de restituer ce qu'il avait acquis, par le seul fait de sa dépossession.

b. Cette solution est du reste formellement donnée par les textes dans des cas analogues, et où existent les mêmes raisons de décider. Aussi, le possesseur de bonne foi acquiert tout ce qui résulte *ex operis servi*. Inst. L. II. tit. 9. §5. S'il a travaillé un champ avec un esclave, les fruits provenant du travail de l'esclave lui appartiennent; et ceux qui résultent de son propre travail? Ils doivent aussi être à lui, d'une manière irrévocable, car on n'aperçoit aucune raison pour décider que: tandis que la récolte faite par l'esclave appartiendra définitivement au maître, la récolte faite par le maître lui-même ne cessera d'être sa propriété que si la revendication est intentée contre lui.

4

c. La loi 25. § 1. 22. 1. *de usuris et fructibus,* donne au possesseur de bonne foi un droit supérieur à celui de l'usufruitier, relativement aux fruits « *bonæ fidei possessor in percipiendis fructibus id juris habet, quod dominis prædiorum tributum est.* » L'usufruitier ne fait les fruits siens que par la perception; le possesseur en devient propriétaire, quelle que soit la cause qui les a séparés du sol. De même loi 28. *h. t.* ; peut-on croire que Julien et Gaïus eussent préféré le possesseur de bonne foi à l'usufruitier, si sa propriété eût été révocable?

d. La loi 48. 6. 1. *de rei vind.* de Papinien, paraît d'abord fournir un argument au système opposé. Un bien-fonds a été donné par un non-propriétaire. Le possesseur a fait des impenses, puis a été évincé. Il n'a recours, pour ce qu'il a dépensé, ni contre le donateur qui n'est pas soumis à garantie, ni contre le propriétaire. Cependant, par un motif d'équité, le jurisconsulte lui donne droit d'opposer l'exception de *dol* et d'agir par voie de rétention, jusqu'au paiement des impenses. Si les dépenses excèdent les fruits perçus avant la *litis contestatio,* on agira par voie de compensation, et le propriétaire ne devra payer que l'excédant. Mais, dit-on, si le propriétaire peut opposer la compensation et déduire des dépenses les fruits perçus, c'est que le possesseur était débiteur de ces fruits et non propriétaire irrévocable.

Dans ce texte, le jurisconsulte recherche le *quantum* de ce que doit le propriétaire au possesseur, et il invoque la compensation, non pas comme moyen d'exécution, mais comme moyen de déterminer ce qui est dû par le propriétaire au possesseur, et qui consiste, dans la différence, entre une valeur qu'il Joit, et une autre valeur, dont le possesseur profite, qu'il a retirée de la chose du propriétaire et que pour ces motifs, *æquitatis ratione,* on fait entrer en ligne de compte, sans qu'il en soit débiteur réellement. Cette application est d'autant plus plausible que si elle n'était pas admise, on rechercherait en vain pourquoi le jurisconsulte ne parle pas des fruits perçus « *post litem contestatam.* » Ces derniers sont dus incontestablement par le possesseur : aussi le propriétaire pouvait sans aucun doute en opposer la compensation, et Papinien n'a pas à le dire. Mais les fruits perçus avant la *litis contestatio,* sont dans une condition entièrement différente, et c'est par exception qu'il est possible d'en opposer la compensation, pour établir le *quantum* à payer par le propriétaire.

e. Dans l'autre système on soutient que Dioclétien n'a pas innové, et que le possesseur de bonne foi devait à l'époque classique restituer les fruits exstants. Cette opinion s'appuie sur les termes de la Const. 22, qui n'annoncent pas une nouveauté législative, et particulièrement sur le mot *solere.* Mais cet argument est détruit par le § 284 Frag. Vatic., — qui est lui-même une Constitution de Dioclétien, datant de l'année 286, antérieure par conséquent à la Const. 22 qui date de l'an 294, et exclusive du principe que proclame cette dernière, bien qu'Ulpien l'eût déjà introduit dans la jurisprudence. On ne peut expliquer ces deux textes, qu'en admettant que la Const. 22 de 294, modifie les principes posés dans les frag. 283 et 286. — Il n'est pas étonnant non plus que le § 35 aux *Inst. de rerum divisione,* ne paraisse pas innover, puisqu'il n'innove pas et se réfère au droit de Dioclétien.

f. On cite encore la loi 4. § 19. 41. 3. *de usucap.* —
où Paul, après avoir déclaré que le voleur ne peut pas
usucaper la toison d'une brebis volée, parce qu'elle est
res furtiva, ajoute que si la brebis est tondue chez
celui qui l'a achetée du voleur, la toison n'a pas besoin
d'être usucapée, « *sed statim emptoris fit* ». De même
pour les agneaux nés chez le possesseur de bonne foi.
« *si consumpti sint.* » D'où résulte que si les agneaux
« *non consumpti sint,* » le possesseur de bonne foi ne
les acquiert pas. Il suffit de lire cette loi pour reconnaître qu'il est impossible de concilier le commencement
et la fin. Après avoir dit que la laine « *statim emptoris
fit,* » le jurisconsulte ajoute : *Idem in agnis dicendum,
si consumpti sint.* Or, il est évident, que *statim* et la
restriction « *si consumpti sint* » expriment deux idées
différentes et contraires qui s'excluent et qu'explique une
interpolation de Tribonien, ayant pour but de ramener la
décision de Paul, au droit de Justinien. La même interpolation est probable dans la loi 4. § 2. 10 1.

g. Cependant, la loi 48. pr. 41. 1. paraît affirmer,
que, le possesseur de bonne foi n'a que la propriété intérimaire des fruits. « *Bonæ fidei emptor fructus suos interim
facit.* » On peut expliquer cette loi, par le sens qu'a
généralement le mot *interim,* c. à. d. « *en attendant* »
et dire qu'il acquiert jusqu'à l'époque de la *litis contestatio,*
où il cesse de faire les fruits siens. Mais cette loi renferme une interpolation évidente : « *Bonæ fidei emptor,
loco domini pene est.* » Il suffit de rapprocher cette
phrase de la loi 25. § 1. — 22. 1., pour se convaincre,
que *pene* y a été placé, pour éviter une contradiction
avec le droit de Justinien ; d'où résulte qu'on peut
soupçonner Tribonien d'avoir aussi intercalé le mot :
interim, pour le même motif.

Du reste certaines interpolations niées jusqu'à la la découverte des fragments du Vatican, sont devenues certaines depuis. Ainsi la Const. 2. 8. 55. C. que l'on croyait intacte, présente un sens absolument contraire à celui qu'elle a dans le frag. 283 du Vat.

b. Peut-on concilier tous ces textes, en admettant que le possesseur deviendrait propriétaire des fruits existants à l'égard des tiers, et que sa propriété serait révocable vis-à-vis du propriétaire? Mais cette scission de la propriété était inconnue des anciens. Dumoulin seul a fait cette distinction dans le vieux Droit Français.

Ce système devrait-il être accepté à cause des raisons d'équité qui semblent le soutenir? Mais n'est-il pas juste au contraire, d'accorder les fruits existants au possesseur de bonne foi pour le dédommager des dépenses? C'est ce qu'a admis le Code Napoléon, art. 549. 550.

c. Les intérêts des sommes d'argent rentrent aussi dans l'obligation de restituer, s'ils sont entre les mains du possesseur de l'hérédité ou ont servi à acquérir des biens pour son compte. Le prix des objets vendus par le possesseur fait immédiatement partie de l'hérédité et il en devient aussitôt débiteur envers l'héritier; son obligation subsiste, alors même que les objets vendus sont détruits ou détériorés; il ne serait pas cependant tenu de payer leur estimation, s'ils avaient été détruits ou détériorés entre ses mains; mais dans ce dernier cas, son obligation se borne à la restitution; si cette restitution ne peut s'opérer, sans sa faute, il est libéré; s'il a vendu, au contraire, son obligation s'étend au prix dont le paiement seul le libère.

Le possesseur, en vertu de ce principe qu'il ne doit pas s'enrichir à l'occasion de l'hérédité, doit restituer

jusqu'aux objets qu'il tient de la reconnaissance
des personnes à qui il a donné des choses héréditaires
si ανπδωρα «*id est remunerationes accipit.* L. 25. § 11. ff.
3. et aux économies qu'il a réalisées, en employant l'argent héréditaire pour ses dépenses habituelles , car il
enrichit son patrimoine de tout ce qu'il devait en dé-
penser et qu'il ne dépense pas.

Toutes les fois que le possesseur de bonne foi ne
sera pas devenu « *locupletior,* » il n'aura rien à restituer. En conséquence, son obligation ne pourra s'étendre à ce qu'il aura cessé de posséder ou qu'il n'aura
jamais possédé. Il pouvait se croire, avec raison, propriétaire, on ne saurait lui reprocher d'avoir négligé
sa chose et le poursuivre pour cette négligence ; aussi
n'est-il pas, comme le possesseur de mauvaise foi,
tenu de restituer ce qu'il possède, ce qu'il a cessé de
posséder, ce qu'il aurait pu acquérir. Il ne doit que ce
qu'il détient ou les profits qu'il a retirés en cessant de
détenir.

Ainsi, les fruits qu'il aurait pu, qu'il aurait même dû
percevoir et qu'il a négligé de recueillir, et ceux qu'il
a consommés, ne donnent pas lieu à une restitution.

S'il a prêté à intérêt des sommes héréditaires ,
dont il a touché le capital et les intérêts, il doit le profit existant au moment de la *litis contestatio*, mais il ne
doit, ni les intérêts des sommes qu'il a dépensées pour
son usage , ni ceux qu'il a négligé d'exiger des débiteurs, ni ceux qu'il a perdus après leur perception. S'il
a actionné les débiteurs, il restituera ce qui subsiste
des sommes qu'il a recouvrées; s'il ne les a pas poursuivis, il rendra à l'héritier la seule chose dont il se
soit enrichi : la *condictio certi*.

D. Mais le paiement fait entre ses mains, par le débiteur héréditaire, libère-t-il ce dernier vis-à-vis de
l'héritier ?

Il faut distinguer : si l'héritier a demandé compte
du paiement au possesseur, ou s'il s'est abstenu de
le poursuivre, en tenant le paiement comme non-
avenu.

a. Dans le premier cas, le paiement est ratifié par
l'héritier et le débiteur est libéré, par la restitution
opérée par le possesseur de bonne foi, de tout ce qui
lui reste au moment de la *litis contestatio*, la restitution
fût-elle incomplète.

b. Dans le second cas, l'héritier n'a pas ratifié, il
peut exiger un second paiement des débiteurs, ce qui
a pour lui un grand intérêt, si le possesseur est de
bonne foi et non *locupletior*, ou insolvable; en effet,
les débiteurs ne sont libérés que du jour où la restitution a été faite par le possesseur. « *Si prædo id quod
a debitoribus hereditariis exegerat petenti hereditatem
restituerit, debitores liberabuntur.* » L. 34. § 9. 46. 3.—
Par *a contrario*, s'il n'a pas restitué, *non liberabuntur.*
— De même, dans la loi 25. § 17. *in fine.* 5. 3. —
et la loi 31. § 5. *h. t.* Si la restitution a eu lieu, les
débiteurs sont libérés de plein droit. Mais si le possesseur n'a pas été actionné par le véritable héritier, il
peut agir contre les débiteurs à qui il ne reste que la
condictio indebiti contre l'héritier apparent. Les débiteurs, en effet, ne peuvent opposer ce paiement fait au
possesseur, puisqu'ils ont payé l'indu « *indebitum est
non tantum quod omnino non debetur, sed et quod alii
debetur, si alii solvatur.* » L. 65. § 9. 12. 6.

En Droit français, l'art. 1240 décide « que le paiement fait de bonne foi à celui qui est en possession de la créance est valable, encore que le possesseur en soit par la suite évincé. Mais les considérations qui servent de base à cet article : la bonne foi du débiteur, l'impossibilité de résister à la poursuite du possesseur, ne paraissent pas avoir eu une très-grande influence sur les jurisconsultes Romains, qui ne considéraient que la bonne foi du possesseur. Quant au débiteur, tant que le paiement fait au possesseur par l'héritier n'avait pas été ratifié, il ne pouvait l'opposer à l'héritier. C'est sur ce principe que repose la loi 26. § 11. d'Ulpien. 12. 6. Cette loi prévoit deux cas : dans le premier, le possesseur qui a reçu le paiement défend à la pétition. La poursuite de l'héritier ratifie le paiement. Le débiteur ne peut se faire restituer que ce qu'il a payé indûment au possesseur, c'est-à-dire ce qu'il ne devait pas à l'héritier, puisque il est libéré de ce qu'il devait. Dans le second, le procès n'est pas encore engagé. Le débiteur a intérêt à réclamer au possesseur à qui il a payé, même ce qu'il a payé, le devant à l'héritier, car cet héritier dont il a appris l'existence, pourrait plus tard refuser de ratifier le paiement et l'exiger une seconde fois. — En somme, la bonne foi du possesseur ne protège que lui et que ses actes.

E. Avant la *litis contestatio* il faut respecter tout ce qu'a fait le possesseur de bonne foi.

a. Ce principe paraît contraire à l'une des dispositions du sénatus-consulte, qui ne distingue pas entre les possesseurs de bonne et de mauvaise foi, pour la restitution du prix des objets vendus par eux, reçu avant la *litis contestatio.* « *Pretia quæ ad eos rerum ex hereditate venditarum pervenissent, etsi eæ ante petitam hereditatem deperissent diminutæve fuissent, restituere debere.* »

Mais si le possesseur de bonne foi a dissipé le prix de vente avant la *litis contestatio*, que décider ? Son obligation était personnelle *in genere*, le paiement seul pouvait l'éteindre. -- Cependant, on décide que la restitution du prix dissipé ne sera pas exigée du possesseur de bonne foi, car la disposition du sénatus-consulte n'est relative qu'au prix de vente dont le possesseur a profité, « *pervenisse proprie illud dicitur, quod est remansurum.* » Du reste, cette disposition du sénatus-consulte, ne peut être entendue autrement, car elle serait contraire à la règle « *quatenus locupletior* » si elle était rigoureusement appliquée au possesseur de bonne foi.

b. Mais ce possesseur n'est libéré que s'il a réellement dissipé, perdu, soit l'argent, soit les objets héréditaires. S'il les a tournés à son profit en les dépensant pour son usage, afin de ne pas user de ses biens, il doit à l'héritier toutes les épargnes qu'il a faites sur son patrimoine. Si, se croyant plus riche, il a fait de plus grandes dépenses, il n'en sera tenu compte, pour déduire des restitutions ordonnées tout ce qui dépasse ses dépenses ordinaires, que s'il a consommé des biens héréditaires ; alors, comme il ne possède plus, il sera tenu « *quatenus locupletior* », c. à. d. dans les limites des dépenses qu'il eût été obligé de faire sur ses biens. Mais s'il a épargné les biens héréditaires et qu'il ait consommé ce qui lui appartenait, « *si re sua usus sit lautius, contemplatione delatæ sibi hereditatis,* » il n'y aura rien à déduire des restitutions. Tout ce qu'il possède il doit le rendre, car le véritable héritier ne doit pas souffrir de la prodigalité d'un tiers, fût-elle le résultat d'une erreur, et qu'il a le droit d'exiger du possesseur tout ce qui lui reste « ex hereditate » sans se préoccuper des conséquences de cette erreur, relatives au patrimoine particulier de son adversaire, *nihil eum ex hereditate deducturum, si eam non attingit*. L. 25. § 12. 5. 3. Cependant « *compensatio ejus habebitur quod te in mortui infirmitatem, inque sumptum funeris, bona fide, ex proprio tuo patrimonio, erogasse probaveris*. L. 4. 3. 31. Code.

c. Il paraît quelquefois difficile de reconnaître, si le possesseur a entendu consommer ses biens ou ceux de l'hérédité; si, par exemple, ayant droit à la moitié de l'hérédité, il s'est mis, de bonne foi, en possession du tout et l'a géré de telle sorte qu'au moment de la réclamation formée par l'autre cohéritier, il ne reste plus que la moitié. Il nie le droit de ce cohéritier qui agit alors contre lui par la pétition d'hérédité. Quelles restitutions le juge pourra-t-il ordonner? L. 25. § 15. 5. 3. Le possesseur devra-t-il restituer le tout, rien ou la moitié de ce qui reste? « *Puto*, dit Ulpien, *residuum integrum non esse restituendum, sed partem ejus dimidiam.* » C'est que, dans ce cas, la chose possédée et dissipée est commune entre les deux cohéritiers, l'indivision subsiste tant qu'il n'y a pas eu partage; d'où cette conséquence, qu'en consommant une chose commune, le possesseur touche naturellement à ce qui lui appartient et à ce qui appartient à son cohéritier. Il en résulte que dans cette moitié de l'hérédité qu'il a consommée, un quart était à lui, l'autre à son cohéritier. Il supporte évidemment la perte de son quart; quant à l'autre, il est couvert par la règle « *Quatenus locupletior ;* » n'en ayant pas profité, il ne doit pas le restituer. Reste la seconde moitié de l'hérédité qui doit être partagée par portions égales.

F. Ainsi le possesseur de bonne foi ne doit restituer que ce dont il s'est enrichi ; mais cette disposition si favorable du sénatus-consulte est-elle applicable à toutes les époques de la possession ? Après la demande et lorsqu'il ne peut plus rester de doute au possesseur sur la nullité de son titre, on admet que, sauf quelques exceptions, il doit être traité comme possesseur de mauvaise foi. Il cesse alors d'être protégé par la maxime *quatenus locupletior ;* elle ne recevra donc plus son application à partir de la *litis contestatio.* C'est l'opinion d'Ulpien, conforme du reste, aux principes qui régissent la matière et qu'il est étrange de voir formellement contredite par Paul, dans la loi 36. § 4. 5. 3., où il suppose une controverse : « *Quo tempore locupletior esse debeat bonæ fidei possessor, dubitatur? Sed magis est rei judicatæ tempus spectandum esse.* » A moins que Paul ne parle dans cette loi, de la responsabilité du possesseur de bonne foi à l'égard des cas fortuits, après la *litis contestatio,* il faut admettre avec Donneau « *Paulo vel Triboniano in relatione hujus sententiæ somnum obrepisse.* » On sait en effet, que « *post motam controversiam omnes possessores pares fiunt et quasi prædones tenentur.* » L. 25. § 7. 5. 3. D'où résulte qu'à partir de la *litis contestatio,* si le possesseur possède encore, il doit restituer et que s'il perd la possession de certains objets, dans l'intervalle de la *litis contestatio* à la sentence, il est, d'après le sénatus-consulte « *condemnandus quasi possideret.* » Ainsi il devra restituer ce dont il s'est en-

richi et aussi les choses qui ne sont plus en sa possession ; il est donc impossible d'admettre avec Paul que
la *litis contestatio* ne modifie pas le droit relatif au possesseur de bonne foi, car ce droit a pour base cette
considération, qu'ayant de justes raisons de se croire
héritier, il pouvait user de son droit héréditaire ; mais
du moment où ce droit devient douteux, il est obligé
de prévoir qu'il faudra restituer et ne pas se mettre
dans l'impossibilité d'opérer cette restitution ; sinon, il
est en faute et responsable.

Il ne peut y avoir doute dans cette action, mais la
controverse existait entre les jurisconsultes à propos
de certaines actions, entr'autres de l'action *quod metus
causa* et c'est sans doute à cette controverse que Paul
fait allusion quand il dit qu'il y avait doute sur cette
question.

Pour l'action *quod metus causa*, trois opinions étaient
en présence : Ulpien, comme dans la pétition d'hérédité,
précisait l'époque de la *litis contestatio*, comme celle où
la règle « *quatenus locupletior* » n'était plus applica-
cable. Paul, au contraire, voulait qu'elle fût admise
n'importe à quelle époque et même pour les objets perdus par le possesseur après la *litis contestatio* Selon Julien,
si le possesseur s'était enrichi et qu'il eût perdu ses
gains, il n'était pas tenu, à moins que ce gain ne consis-
tât en argent, « *in genere* » Alors, il était débiteur de cette
somme, dès le moment où il l'avait acquise, et comme
elle ne pouvait périr, il en était tenu envers le possesseur à toutes les époques. Cette opinion de Julien ne se retrouve plus dans la pétition d'hérédité ; il ne reste trace
de celle de Paul que dans la loi 34 ; celle d'Ulpien seule
existe et doit être admise.

Elle a pour résultat d'obliger le juge à examiner à partir de la *litis contestatio*, non plus, si le possesseur *locupletior factus est*, mais *quatenus potuit locupletior fieri* et de faire comprendre dans *l'arbitrium* les gains qu'il a faits et ceux qu'il a négligé de faire.

Des obligations de l'héritier envers le possesseur.

Une des conséquences de la possession de l'hérédité est d'obliger le possesseur à des dépenses et de le soumettre, sans qu'il puisse les repousser, aux actions des créanciers héréditaires et même des légataires et des fidéicommissaires.

Lorsque le juge fixe dans son *arbitrium* les bases de la restitution à opérer par le possesseur, il doit lui tenir compte de ce qu'il a payé ou dépensé pour l'hérédité, mais dans quelles proportions ?

Le chiffre de ces déductions variera selon la bonne ou la mauvaise foi du possesseur.

En ce qui concerne le possesseur de mauvaise foi, l'héritier n'est tenu envers lui qu'en vertu de ce principe : Nul ne doit s'enrichir aux dépens d'autrui.

Quant au possesseur de bonne foi, il ne doit pas souffrir de sa possession, et supporter les frais qu'elle a occasionnés. Il sera rendu indemne de toutes les dépenses utiles ou non qu'il a faites pour l'hérédité.

A. Conséquences. — *a.* Un possesseur de bonne foi a payé un créancier héréditaire. Se croyant héritier, il a payé en son nom ; or « *quod quis suo nomine solvit, non debitoris, debitorem non liberat* » L. 31. 5. 3. Le créancier peut encore réclamer le paiement à l'héritier réel qui n'est pas libéré. Le possesseur aura-t-il cependant le droit de faire déduire le montant de la créance qu'il a payée? Oui, en cédant à l'héritier la *condictio indebiti* dont il s'est enrichi ; l'héritier repoussera alors le créancier par l'exception de dol. Et si l'exception de dol ne suffit pas à l'héritier pour repousser la demande du créancier, si, par exemple, le paiement a été fait à un mineur qui a dissipé la somme reçue, la déduction sera-t-elle faite au profit du possesseur, bien que l'héritier soit encore obligé de payer le créancier ? Sans doute, car le possesseur de bonne foi n'est tenu que « *quatenus locupletior factus est* », il ne doit pas supporter les pertes. En cédant à l'héritier la *condictio indebiti* contre le créancier, il est en dehors de toutes les éventualités qui se produiront plus tard « *Ubi habet actiones, sufficiet cum actiones præstare* » L. 20. § 17. B. 3.

b. Mais si le paiement a été effectué par un possesseur de mauvaise foi ? Le paiement ne libère pas immédiatement l'héritier, puisque le possesseur a payé *suo nomine*. Le possesseur cédera la *condictio indebiti* à l'héritier qui pouvant opposer l'exception de dol, sera libéré « *exceptionis ope* ». Mais la déduction de la somme payée ne sera faite, que si le possesseur « *caverit se petitorem defensurum*». Il résultera de cette caution que, si l'exception de dol ne réussit pas contre le créancier, le possesseur sera obligé de soutenir le procès contre le créancier à la place de l'héritier et de subir la condamnation. L. 31. B. 3.

c. Entre le possesseur de bonne foi et celui de mauvaise foi, il n'existe aucune différence en ce qui concerne le paiement d'une dette non existante. Les sommes ainsi payées ne peuvent être déduites.

d. Cependant, le possesseur de bonne foi est plus favorablement traité que celui de mauvaise foi, lorsque la cause du paiement fait par erreur devait lui sembler légitime. Ainsi, il a été institué héritier par un testament dont il ignorait la nullité, et il a désintéressé les fidéicommissaires et les légataires. Les sommes ainsi payées seront déduites, moyennant la cession de la *condictio indebiti* à l'héritier, qui se trouvera ainsi chargé de poursuivre le remboursement des sommes payées et supportera les risques de l'insolvabilité des débiteurs. L'erreur du possesseur est, en effet, si excusable, qu'on ne saurait lui en faire payer les conséquences.

e Mais cette erreur cesse d'être excusable, lorsqu'elle se produit après la demande de l'héritier. Le possesseur se trouve, il est vrai, exposé à l'action des légataires et des fidéicommissaires, sans moyen de la repousser. Cependant, il doit prévoir que les prétentions du demandeur peuvent être fondées et prendre ses précautions, exiger des légataires et des fidéicommissaires, caution de restituer les choses qu'il leur livre avec les fruits. La Const. 12 de Justinien, 3. 31. Cod., lui donne ce droit. S'il néglige d'exiger ces cautions, il est en faute; le juge ne déduira pas ce qu'il aura ainsi payé, il ne lui restera que la *condictio indebiti*, qu'il exercera à ses risques et périls, même si les débiteurs deviennent insolvables.

Quant au possesseur de mauvaise foi, aucune déduction ne s'opérera en sa faveur, pour ce qu'il aura, à tort, donné aux légataires et aux fidéicommissaires, sachant que leur titre était nul, il ne devait pas les payer. Il subira les chances de leur insolvabilité.

B. L. 32. § 2. 3. 3. *a.* Le possesseur de bonne foi

créancier de l'hérédité, peut se payer de ses créances
et retenir sur les sommes héréditaires à restituer, celles
qui lui sont dues; de telle sorte que, s'il avait une
créance naturelle contre l'hérédité dont il n'aurait pas
pu exiger le paiement, il peut se payer, et par suite
refuser de rendre ce qu'il a ainsi perçu, car la *condictio indebiti* n'existe pas contre lui. L'obligation naturelle
une fois acquittée, ce qui a été payé ne peut être répété
comme payé par erreur « *Naturalis obligatio manet :
et ideo solutum repeti non potest.* » L. 10. Pr. 12. 6. —
L. 10. 11. 7. — L. 7. § 1. 2. 14.

b. Mais le possesseur de mauvaise foi ne peut retirer
ce qui lui est dû. Néanmoins, l'héritier peut le forcer
à retenir les sommes que l'hérédité a intérêt à ne pas
devoir, soit parce qu'elles sont productives d'intérêts,
soit parce qu'un retard dans le paiement pourrait entraîner une condamnation par suite d'une clause pénale. L. 31. § 1. 5. 3.

a. Les déductions peuvent avoir d'autres causes que
les paiements faits à des créanciers de l'hérédité; ainsi
le possesseur a dû nécessairement faire des dépenses
pour entretenir la chose possédée et lui faire produire
des fruits. L'héritier profite de ces dépenses, il est
juste qu'il en indemnise le possesseur de bonne foi
comme celui de mauvaise foi, car il ne doit pas
s'enrichir à leurs frais. Cependant, si ces dépenses
ont été improductives, si elles ont eu pour but de
faire ensemencer les terres et que la récolte ait
manqué, le possesseur de mauvaise foi ne sera pas
indemnisé, parce que l'héritier cesse de profiter de ces
dépenses et qu'il n'est tenu que sur les gains vis-à-vis
de ce possesseur. Le possesseur de bonne foi sera, au

contraire, rendu indemne, même dans ce cas. L. 37.
§. 3.

C'est là une des conséquences de la règle : *Quatenus
locupletior*, applicable aux dépenses en général faites
par le possesseur de bonne foi. Du principe que s'il
n'est pas devenu plus riche, il n'est pas tenu envers
l'héritier, il résulte que, toutes les fois qu'il s'est appauvri
il doit être indemnisé : or, les dépenses qu'il a faites
pour l'hérédité constituent un appauvrissement dont il
faut lui tenir compte. Il ne peut y avoir doute en ce qui
concerne les dépenses nécessaires et les dépenses utiles ;
mais l'héritier devra-t-il supporter aussi les dépenses
voluptuaires ? Oui « *si modo bonæ fidei possessores
sumus.*» L. 39. §1. §. 3. Ainsi, le possesseur de bonne
foi fera déduire le prix des objets d'art qu'il a acquis
pour l'hérédité l. 50. § 1. *h. t.*, et même du monu-
ment que, par erreur, il a cru devoir faire élever pour
obéir aux volontés du défunt. Le possesseur de mauvaise foi ne pourrait en réclamer le prix, mais il aurait
néanmoins le droit de faire enlever, sans dégrader la
chose héréditaire, ce qu'il y a placé pour servir à
l'ornementation. Quant aux dépenses nécessaires qu'il
aura évité à l'héritier de débourser, il est juste qu'elles
lui soient remboursées. Mais pour les dépenses sim-
plement utiles, n'est-il pas censé les avoir faites sans
espoir de les obtenir jamais ? « *Prædo autem queri debet,
qui sciens, in rem alienam impendit.* » L. 38. *h. t.*
Ainsi que le fait remarquer Paul, cette décision serait
trop dure, si ces dépenses ont occasionné une plus-
value, « *non enim petitor debet ex aliena jactura lucrum
facere* ». Il est juste alors que l'on déduise la plus-value
actuelle, mais dans ce cas seulement, c'est-à-dire,

8

« *si res melior sit,* » le possesseur de mauvaise foi ne perdra pas ce qu'il aura dépensé. Les dépenses voluptuaires ne seront pas retenues sur les restitutions ; car on considère en général qu'elles n'augmentent pas la valeur du fonds : si elles avaient occasionné une plus-value, on leur appliquerait le principe qui régit les dépenses utiles.

E. Le possesseur n'a pas d'action pour obtenir le paiement de ces dépenses ; il ne peut agir que par voie de rétention : « *constat si quis, cum existimaret se heredem esse, insulam hereditariam fulsisset, nullo alio modo quam per retentionem impensas servare posse.* » L. 33. *in fine.* 12. 6. Mais ce qu'il a payé, croyant faire l'affaire de l'héritier, ou pour le compte de l'hérédité, peut être répété par l'action *negotiorum gestorum.* L. 49. 3. 5. « *Sicut, ex contrario, in me tibi daretur* (actio), *si eam hereditatem quæ ad me pertinet, tuam putares, res tuas proprias legatas solvisses : quandoquidem a solutione liberarer.* L. 4. § 11. 11. 7. — L. 32. h. t. « *Si possessor hereditatis funus fecerit, deinde victus, in restitutione non deduxerit quod impenderit, utilem esse ei funerariam.* C'est l'opinion de Paul, conforme à celle d'Ulpien. Trebatius et Proculus refusent toute action au possesseur, parce que « *qui patremfamilias funeraverit, non hoc animo fecit, quasi negotium alienum gerens.* Mais Ulpien ajoute : « *Puto tamen, et ei ex causa dandam actionem funerariam.* L. 4. § 11.

F. Il peut se faire que l'héritier, obligé de rembourser les dépenses utiles au fonds héréditaire, se trouve sans argent et dans l'impossibilité de désintéresser le possesseur de mauvaise foi. S'il veut vendre le fonds, la difficulté n'existe plus, il paiera le pos-

sesseur avec le prix de vente; mais s'il désire le conserver, et qu'il y ait un intérêt légitime, que deviendra la créance du possesseur? L'héritier, ne pouvant
la payer, le possesseur aura le droit de faire enlever
tout ce qu'il est possible de détacher, sans détériorer
le fonds, de ce qui y a été ajouté par ses soins; l'héritier serait libre d'empêcher l'enlèvement de ces objets en payant leur valeur.

G. La possession a pu entraîner des obligations pour
le possesseur, qui doivent cesser avec elles et dont
l'héritier garantira l'extinction, avec des modifications
résultant de la bonne ou de la mauvaise foi du possesseur.

a. S'il a vendu un objet héréditaire, le possesseur
de bonne foi doit restituer le prix à l'héritier; mais la
vente a eu pour conséquence l'engagement de garantir au vendeur la paisible jouissance de l'objet vendu.
En prenant le prix, l'héritier doit exonérer le vendeur
de toutes ses obligations, et lui donner spécialement
caution de répondre de l'éviction vis à vis de l'acquéreur.

Le possesseur de mauvaise foi ne peut exiger caution de l'héritier que si lui-même a donné la caution,
damni infecti pour une maison qui menaçait ruine; « *si
possessor caverit damni infecti, cavendum est possessori.* » L. 40. § 3. B 3. Dans tous les autres cas, il est
« *condemnandus quasi possideret.* »

b. Le possesseur doit encore exiger caution du demandeur, lorsque, actionné par deux personnes se
prétendant héritières, il est forcé de restituer à l'une
d'elles. Ce n'est pas que l'autre demandeur puisse obtenir une seconde fois la restitution d'un objet dont le

possesseur a abandonné la possession par ordre de justice ; mais si le premier demandeur donne caution au possesseur de le défendre contre le second demandeur, il y aura un double avantage : le second demandeur n'aura pas à craindre la perte de l'objet en litige, et il pourra continuer le procès contre le possesseur que viendra défendre le premier demandeur, sans qu'un nouveau procès soit intenté.

c. Ces cautions et ces déductions ne sont accordées au possesseur qu'à propos de biens héréditaires ; il faut que l'obligation dont on le garantit ait pour cause l'hérédité. Aussi les obligations dont le motif immédiat et nécessaire n'a pas été l'hérédité, les emprunts contractés avec la pensée de payer sur les biens héréditaires, sont en dehors de toute déduction.

La pétition d'hérédité étant de bonne foi, le possesseur n'a pas besoin d'opposer l'exception de *dol*.

Procédure de la Pétition d'Hérédité.

On sait quelle importance avaient à Rome les questions d'état, de propriété, de succession. Aussi furent-elles confiées à un tribunal dont les décisions étaient plus solennelles, à cause du nombre des juges, de sa composition démocratique, de sa popularité, de son importance politique, enfin, de la présence du préteur.

C'était le tribunal des centumvirs, si cher aux citoyens Romains, parce qu'il leur rappelait une victoire de la démocratie sur l'aristocratie, et que ses membres, annuellement élus dans chaque tribu, n'appartenaient pas tous à la classe des patriciens; aussi le voit-on encore debout, longtemps après que les institutions de la même époque lui sont tombées, et conservant au milieu du système formulaire la procédure des actions de la loi.

La pétition d'hérédité fut du ressort de ce tribunal tant qu'il exista, et sa procédure fut d'abord celle de l'action de la loi *Sacramenti*, la seule en usage devant les centumvirs.

La procédure de cette action commençait par la *manuum consertio* : les deux parties saisissaient simultanément la chose, puis ils la vendiquaient, en apposant sur elle la *festuca*, symbole du domaine quiritaire (*vindicatio*), et en prononçant les paroles consacrées qui avaient pour but d'affirmer leurs prétentions.

Le motif et l'objet du débat ainsi établi, le préteur intervenait pour faire cesser la lutte, et les deux parties procédaient au *Sacramentum*. C'était une provocation à déposer entre les mains des pontifes une somme de 50 ou de 500 as, selon les cas, qui devait être perdue pour le vaincu et acquise à l'État pour le service des *sacra publica*. Dans le principe, cette somme était réellement payée; plus tard, le paiement en fut garanti par des répondants nommés « *prædes sacramenti.* » Gaius Comm. 4. § 10. § 13.

Le préteur attribuait alors la possession intérimaire à l'une ou à l'autre des parties, à son gré, à la charge de garantir la restitution de la chose et des fruits par des répondants nommés « *prædes litis et vindiciarum.* »

Les parties étaient renvoyées devant les centumvirs, à qui appartenait la décision du procès, qui

consistait à déclarer que le *Sacramentum* de telle partie
était *justum* ou non : comme conséquence, l'acquisition
au trésor du *Sacramentum* déclaré *injustum* et la perte
de l'objet en litige.

Pour l'exécution, les parties devaient s'adresser au
préteur.

Au temps de Cicéron, les parties ne promettaient
déjà plus au préteur le *Sacramentum* que l'Etat devait
acquérir. Elles étaient dispensées de déposer la somme
ou de chercher des répondants, le *Sacramentum* avait
été remplacé par l'engagement personnel des parties
l'une vis-à-vis de l'autre, de payer une somme déter-
minée à l'adversaire, s'il justifiait ses prétentions. Cette
gageure prit le nom de *Sponsio*; mais elle était fictive
dans la pétition d'hérédité. En matière d'obligations,
elle avait un caractère pénal. Pour les réclamations de
droits réels, elle n'était qu'un moyen préjudiciel d'engager le procès, créé par le préteur pour éviter aux
parties le *Sacramentum*. « *Non enim pœnalis est, sed
præjudicialis et propter hoc solum fit, ut per eam de ea re
judicetur.* » Gaius. IV. 91.

La question d'hérédité était ainsi transformée en une
question d'obligation, que le juge avait à examiner, et
dont la solution dépendait du point de savoir si l'hérédité appartenait au défendeur.

La possession appartenait au défendeur ; le préteur
ne pouvait plus à son gré investir l'une ou l'autre des
parties de la possession intérimaire ; mais le défendeur
devait donner la caution *pro præde litis et vindiciarum*,
c'est-à-dire garantir, s'il perdait le procès, la restitution
de la chose et des avantages de sa possession. Il appartenait au préteur de décider qui était véritablement

possesseur. Si le défendeur refusait de donner la caution exigée, le préteur, au moyen de l'Interdit « *quam hereditatem,* » transférait la possession au demandeur, mais sous l'obligation de fournir la caution.

Cette procédure *per sponsionem*, n'était pas obligatoire pour les parties ; devant les centumvirs, existait toujours l'action de la loi *Sacramenti*, mais les citoyens même, pour la pétition d'hérédité, pouvaient recourir soit à la *sponsio*, soit à l'action *Sacramenti*.

Cependant la *sponsio* n'était qu'un détour ayant pour objet de plier les actions réelles à l'emploi des formules, qui dans le principe n'étaient appropriées qu'à la poursuite des obligations; le demandeur n'affirmait pas qu'il fût propriétaire ou héritier, et le juge ne décidait la question de propriété ou d'hérédité, que pour arriver à connaître qui devait profiter de la gageure; mais plus tard, une formule fut construite pour soutenir directement qu'une chose était à soi. Cette formule fut nommée : *Formula petitoria*, et le demandeur eut le choix d'agir par la *sponsio*, ou d'affirmer directement qu'il avait droit à la chose possédée par un tiers. C'était le moyen usité au temps de Gaius « *hereditatem nostram esse intendere possumus* » L. 3. L. 10. § 1. 3. 3.

Les procès sur l'hérédité étaient encore de la compétence du tribunal des centumvirs, et le système formulaire lui avait enlevé déjà toutes ses causes; mais après la création de la *Formula petitoria*, on renonça à l'action *Sacramenti* pour la pétition d'hérédité. La caution *« pro prœde litis et vindiciarum»* fut remplacée par la caution *« judicatum solvi »*, par laquelle le défendeur promettait par stipulation au demandeur, de défendre au procès, de ne point commettre de dol, de payer le montant de la condamnation. Cette condamnation était toujours pécuniaire, mais le juge eut le droit de déterminer une satisfaction que le défendeur devait donner au demandeur, obligatoire pour tous les deux, et qui, dans la pétition, était des choses possédées par le défendeur. Si le défendeur donnait cette satisfaction, il était absous ; on évita ainsi les inconvénients qui résultaient de l'obligation de condamner le défendeur à des prestations en argent. Ce *jussus* ou *arbitrium* du juge était exécutoire *manu militari*, toutes les fois que le défendeur était en possession des choses réclamées. Si le *jussus* restait inexécuté, soit par la résistance, soit par la faute du défendeur, celui-ci devait être condamné. Le montant de la condamnation était fixé par le juge « *quanti ea res erit*, presque toujours d'après le serment déféré au demandeur lui-même sur l'indemnité qui lui est due (1). La transformation opérée par Justinien de cette action arbitraire en action de bonne foi, n'est pas telle que le *jussus* doive disparaître. Dans les actions de bonne foi, le juge n'avait pas le droit d'ordonner la satisfaction ; mais si elle était donnée par le défendeur volontairement, le juge ne devait pas condamner, parce que, en bonne foi, il n'était plus

(1) Si la restitution est impossible par le dol du possesseur, ce dernier est tenu de payer les dommages intérêts fixés par la déclaration assermentée du demandeur ; « *quanti actor in litem æstimandam juraverit* » avec ou sans maximum fixé par le juge : « *Cum taxatione* ou *in infinitum*. Si l'impossibilité de la restitution est imputable à la faute du possesseur, il est condamné à la juste valeur de la chose, telle que le juge l'estime lui-même « *quanti judex litem æstimaverit*.

rien dû. Le résultat de cette innovation de Justinien avait été de rendre inutile l'insertion de l'exception de dol dans la formule et de donner au juge, à cause du grand nombre de difficultés qu'il peut avoir à résoudre, une plus grande latitude.

La formule de cette action se composait de deux parties : l'*intentio* et la *condemnatio*, dont il est possible de retrouver les termes avec les exemples de formule conservés dans Gaius. C. IV. *de formulis*. Elle n'avait point 'de *demonstratio*, car cette partie de la formule devait indiquer les faits particuliers invoqués par le demandeur comme base de sa prétention; dans la pétition, le demandeur n'avait pas à indiquer ces faits, pour que la question de droit en résultant, fût posée dans *l'intentio*, puisqu'il soutenait que l'hérédité était à lui, d'une manière générale et sans s'appuyer sur tels ou tels faits particuliers.

L'*Intentio* était ainsi conçue : *Titius judex esto si paret hereditatem Sempronii de qua agitur, Auli Ægeri esse.*

La *condemnatio* était en ces termes : *Quidquid Numerus Negidius, pro herede, prove possessore possidet, nisi restituat, quanti ea res erit, judex Numerum Negidium Aulo Ægerio, condemnato; si non paret, absolvito.*

Bien que les mots *nisi restituat*, confèrent aux juges un pouvoir tout particulier, les jurisconsultes Romains ne les ont jamais considérés comme une partie de la formule. Ils les comprenaient dans la *condemnatio*.

Cette formule pourrait être modifiée, soit par des exceptions, soit par des prescriptions. De ce que cette action était exclusivement réservée au tribunal des centumvirs, il résultait que la solution ne devait ja-

mais intervenir à propos d'une question subsidiaire,
car toutes les causes assez importantes pour être de
la compétence de ce tribunal, devaient arriver intactes
devant lui. Aussi toutes les fois que dans un procès
la question d'hérédité allait être incidemment jugée,
le demandeur devait opposer la prescription : *Quod
prœjudicium hereditati non fiat*, c'est-à-dire, faire sur-
seoir au jugement du procès, jusqu'à ce que le tribunal des centumvirs eût décidé si la partie qui se
prétendait héritière, l'était réellement. Cette prescription était placée en tête de la formule : *Ea res agatur
— si modo prœjudicium hereditati non fiat*, Caius IV,
123. Cette place, du reste, lui avait donné son nom,
*prœscriptiones autem appellatas esse ab eo quod ante for-
mulas prœscribuntur*, IV, 132. Mais déjà au temps de
Caius, cette prescription était transformée en exception : *quœ nunc in speciem exceptionis deducta est, et locum
habet, cum petitor hereditatis, aliogenere judicii, prœjudicium hereditati faciat.* — Elle était, comme les exceptions, placée à la suite de l'*intentio*. — Cette exception dura plus longtemps que le tribunal des centumvirs et ne fut abolie que par Justinien. L. 12, C.
3. 31.

Mais à l'époque où elle existait, son application était
arrêtée dans certains cas.

Le possesseur de bonne foi pouvait agir contre les
débiteurs ou détenteurs d'objets héréditaires, si les
actions devaient s'éteindre pendant le procès engagé
sur l'hérédité. L. 40. 5. 3.

Les demandes formées par les créanciers du défunt
ne préjugent pas la question d'hérédité. Quel que soit
l'héritier, ils doivent être payés ; aussi ont-ils le droit

d'actionner le demandeur ou le possesseur; celui des deux qui aura payé recourra, s'il succombe dans la pétition, contre son adversaire reconnu héritier. L. 12. 3. 31. C. — Les légataires et les fidéicommissaires ont le même droit que les créanciers, à la condition de fournir caution, sinon ils doivent attendre l'issue de la pétition. L. 12. 3. 31. C.

Il est un cas où il est sursis au jugement de la pétition d'hérédité, c'est lorsque le testament sur lequel s'appuie la pétition est argué de faux; car le procès civil ne peut préjuger un procès criminel, L. 5. § 1. 5. 3.

Peu à peu, le système formulaire, la grande différence entre le *judex* et le *jus dicens*, le juge et le préteur disparurent, et les parties portèrent leurs contestations devant celui qui seul devait en connaître. Mais l'ancien système formulaire, bien qu'aboli, laissa des traces nombreuses dans la procédure, qui sont surtout sensibles dans la pétition de l'hérédité.

Durée de l'action.

A l'époque de la loi des Douze-Tables, l'usucapion des fonds de terre s'accomplissait par la possession de deux ans, et l'action que le propriétaire avait pour exercer sa revendication durait le même laps de temps. L'usucapion des choses, autres que les fonds de terre, s'accomplissait par la possession d'un an. Or, l'hérédité ne pouvait être considérée comme fonds de terre, car elle n'est pas corporelle et elle était usucapée, comme les choses héréditaires, par la possession d'un an. L'action en pétition d'hérédité avait la même durée. Cette usucapion présentait ce

caractère remarquable, qu'elle s'accomplissait sans titre
ni bonne foi du possesseur ; aussi la nommait-on *lucrativa* et *improba*. Elle provenait de la constitution religieuse et aristocratique de la République, qui attachait
une grande importance au culte des ancêtres et des dieux
domestiques. On devait éviter que ce culte s'éteignît et
punir les héritiers assez négligents pour ne pas se mettre en possession. Au reste, les créanciers héréditaires
avaient intérêt à savoir le plus tôt possible quel serait
leur débiteur, et, grâce à l'usucapion, le doute ne
pouvait durer longtemps. Gaius. C. II. 52., etc...

Mais à l'époque d'Adrien, un sénatus-consulte fut
rendu, qui annula cette usucapion. Le préteur, par suite
de ce S. C., donna à l'héritier une action fictive pour
réclamer l'hérédité; l'usucapion était accomplie au profit
du possesseur et il était devenu propriétaire; mais on sup-
posait que cette usucapion n'avait pas eu lieu. « *Potest
heres hereditatem consequi, atque si usucapta non esset.* »
Gaius. II.. 57. — Mais ce S. C. ne modifia pas l'ancien droit, qui subsista contre les héritiers nécessaires,
parce qu'ils étaient en faute, en abandonnant les biens
héréditaires. — Plus tard, les biens héréditaires ne
purent être usucapés que contre les tiers. Les héritiers
purent toujours agir par la pétition d'hérédité contre
le possesseur. L. 2. 7. 29. C.

A cette époque on pensait que l'hérédité était une
chose *in jure consistens*, insusceptible de possession. La
pétition d'hérédité était perpétuelle, comme les actions
personnelles; c'est ce que disent les empereurs Dioclétien et Maximien qui, en lui faisant application du
droit relatif à ces actions, la nomment, pour justifier
leur décision, « *mixta personalis*, à cause de ses effets
dans certains cas.

Aussi, les prescriptions qui avaient pour objet de repousser les actions réelles, en établissant que le possesseur avait possédé pendant 10 ou 20 ans, selon la présence ou l'absence du demandeur, n'étaient-elles pas opposables dans la pétition d'hérédité. Mais, lorsque les actions personnelles cessèrent d'être perpétuelles et que la *præscriptio longissimi temporis* leur fut opposable, sous Théodose, la pétition d'hérédité dura 30 ans comme ces actions, à la différence des autres actions réelles.

De la Pétition d'hérédité partielle

L. V. — T. VI. — D.

La pétition d'hérédité partielle ne présente, avec la pétition de l'hérédité tout entière, d'autres différences que des difficultés d'application ; les principes sont les mêmes ; mais, dans un grand nombre de cas, des doutes s'élèvent sur l'exercice de cette dernière action.

« *Qui hereditatem vel partem hereditatis petit, is non ex eo metitur, quod possessor occupavit, sed ex suo jure. Et ideo, sive ex asse heres sit, totam hereditatem vindicabit, licet tu unam rem possideas; sive ex parte, partem, licet tu totam hereditatem possideas.* L. 1. § 1. D. 4.

Ainsi, peu importe la condition du défendeur ; le procès est basé sur le droit du demandeur à l'hérédité, son action a l'étendue de ce droit, quelle que soit la quotité de l'hérédité possédée par le défendeur. Le demandeur est-il seul héritier ? Il revendique l'hérédité en entier et le possesseur lui abandonne tout ce qu'il détient « *ex hereditate.* » A-t-il un cohéritier? il ne revendique que la moitié de l'hérédité, même si elle est tout entière entre les mains du possesseur et que ce dernier n'ait, en somme, aucun droit à la moitié qu'il garde. Mais le possesseur n'est obligé à restituer que ce qu'il détient.

Cependant, si la quotité des choses possédées n'influe en rien sur la demande, les concessions faites par le défendeur à l'héritier restreignent nécessairement l'action. Le possesseur de toute l'hérédité, qui reconnaît que son droit n'est pas universel, peut abandonner à l'héritier ce qu'il croit lui appartenir et maintenir son droit pour le reste. L. 8. 5. 4. Par conséquent, il ne sera pas forcé d'accepter le procès sur le tout, et l'action du demandeur sera réduite à ce qui reste entre les mains du possesseur.

Cette action ne peut être intentée que contre le possesseur, *pro herede ou pro possessore,* c'est-à-dire contre celui qui se prétend investi du droit héréditaire et nie la qualité que se donne le demandeur. Il faut qu'il y ait *controversia de hereditate,* car si les deux parties reconnaissent mutuellement leur qualité d'héritiers et ne disputent que sur la composition de la part de chacune, elles doivent avoir recours à l'action *familiæ erciscundæ.*

Ainsi, supposons que le demandeur qui se prétend héritier pour le tout et possède une moitié, agisse contre un défendeur en possession de l'autre moitié à qui il dénie tout droit à l'hérédité et que ce défendeur, à son tour, se prétende héritier pour moitié, refusant de reconnaître au demandeur son titre d'héritier. Ils agiront mutuellement l'un contre l'autre par la pétition partielle « *invicem petere debebunt, ut partes rerum consequantur,* » car ils se contestent le titre d'héritier; mais s'ils reconnaissent réciproquement leurs droits à l'hérédité « *familiæ erciscundæ judicio eos experiri oportebit.* » L. 1. § 2. 3. 4.

Lorsqu'il y a plusieurs possesseurs de l'hérédité, le demandeur *pro parte* doit former sa demande contre tous ces possesseurs, qu'ils possèdent *pro diviso* ou *pro indiviso,* car chacun d'eux, dans ce qu'il détient, possède une partie de ce qui appartient à l'héritier. L'action ne compète pas au demandeur pour sa part tout entière, contre un seul des possesseurs, puisque, s'il est héritier pour moitié, il ne peut exiger du défendeur que la moitié de ce qu'il possède. Ulpien énonce clairement ce principe et en fait des applications dans la loi 1. § 2. et la loi 6. « *Si duo possideant hereditatem et duo sint, qui ad se partes pertinere dicant, non singuli a singulis petere contenti esse debent: puta, primus a primo vel secundus a secundo, sed ambo a primo et ambo a secundo, neque enim alter primi, alter secundi partem possidet, sed ambo utriusque, pro herede.* »

Une mère est morte, laissant quatre fils et une fille. Les fils possèdent l'hérédité et nient le droit de leur sœur. La fille, à qui revient un cinquième de l'hérédité, devra affirmer contre chacun de ses frères qu'elle est héritière pour un cinquième, et réclamer en conséquence de chacun d'eux le cinquième du quart qu'il détient, c'est-à-dire le vingtième de l'hérédité. Elle obtiendra ainsi un vingtième de chacun des frères, ou quatre vingtièmes, ou le cinquième de la succession auquel elle a droit. L. 6. 3. 4.

Cependant le § 3 de la loi 1 présente une exception au principe appliqué dans le § 2. et la loi 6. Il y a deux héritiers, dont l'un possède l'hérédité de moitié avec un tiers qui n'a pas de droit héréditaire. L'héritier qui ne possède pas devrait agir contre son cohéritier et contre le tiers. Cependant on décide que cet héritier n'aura l'action que contre le tiers. C'est l'opinion de Pegasus, admise par Ulpien: « *Sed Pegasi sententia utilior est.* » Ainsi c'est à cause de son utilité qu'on accepte cette décision et avec raison, car elle évite des recours sans avantages pour l'héritier demandeur, puisqu'il entre tout de même en possession de sa moitié. En effet, si l'héritier non-possesseur agissait à la fois contre son cohéritier et le tiers, son action dépouillerait le cohéritier qui recourrait alors contre le tiers. Ce dernier serait obligé de parfaire au demandeur sa moitié, diminuée par la pétition du non-possesseur; de telle sorte qu'il cesserait de détenir aucun objet héréditaire. Le résultat obtenu serait le même que par l'action directement intentée contre le tiers, mais avec un procès de plus.

Supposons dans le cas prévu par cette loi, que l'hérédité est possédée par les deux héritiers et l'étranger, qui en ont chacun un tiers ou deux sixièmes. Mais les deux héritiers ont droit chacun à trois sixièmes; pour parfaire le sixième qui leur manque, doivent-ils agir réciproquement l'un contre l'autre et contre l'étranger? Il est certain que chacun d'eux possède une partie de ce que réclame l'autre, et qu'ils devraient mutuellement se restituer cette partie, puis agir contre l'étranger; mais ne vaut-il pas mieux opérer immédiatement une compensation pour ce que les cohéritiers se doivent l'un à l'autre, et diriger directement l'action contre l'étranger? Sans nul doute; on évite ainsi le procès

entre les héritiers, qui ne peut aboutir à aucun résultat, et ils entreront aussitôt en possession du sixième
qui leur manque.

L'héritier ne peut réclamer par cette action que la
part d'hérédité à laquelle il a droit actuellement. Il
encourrait la plus-pétition, s'il comprenait dans sa demande la part de ses cohéritiers. L. 2. 5. 4. Par exemple, si, parmi plusieurs héritiers, un seul a fait adition, il peut espérer que la part de ses cohéritiers
viendra accroître la sienne; mais, jusqu'au moment où
cette part lui sera définitivement acquise, il n'aura
l'action contre les possesseurs que pour obtenir une
restitution en proportion de sa part personnelle et
certaine. Dans ce cas, le demandeur ne peut exercer
que son droit; il peut arriver que ce droit soit incer-
tain dans sa quotité, que le demandeur sache bien qu'il
est héritier, mais ignore le nombre de ses cohéritiers,
le préteur lui accorde alors une pétition d'hérédité incertaine. L. 1. § 5. 5. 4. De quatre frères, l'un est
mort laissant un fils, deux autres laissant leurs fem-
mes enceintes, et le quatrième sans enfants. La succession de ce dernier se divise entre le fils de son
frère et les enfants à naître. Mais le nombre de ces enfants n'est pas connu et le neveu ne doit pas subir les
conséquences de cette incertitude qui n'est imputable
ni à sa négligence, ni à sa faute. Le même cas se présente dans la loi 3. h. t. Un père de famille est mort
laissant un fils et sa femme enceinte. Ce fils et les enfants à naître ont chacun un droit égal à la succession;
mais comment déterminer ce droit, puisqu'on ignore
si la veuve accouchera d'un seul ou de plusieurs enfants? On considère l'impossibilité pour le fils d'empê-

6

cher cette incertitude et on lui accorde l'action, dans des limites que fixent les jurisconsultes, pour sauvegarder, selon toutes les probabilités, les droits des posthumes.

Sans doute on ne sait pas s'il naîtra un, deux, trois enfants ou davantage, mais il est rare, dit Paul, qu'une femme accouche de plus de trois enfants; donc, en supposant que la mère aura trois enfants, le fils du défunt serait le quatrième, et aurait droit par conséquent à un quart de l'hérédité qu'il pourrait réclamer par la pétition, les droits des autres enfants restant ainsi sauvegardés jusqu'à leur naissance. « *Ideoque et si unum paritura sit, non ex parte dimidia, sed ex quarta interim heres erit.* » L. 3. h. t. Dans l'espèce prévue à la loi 1. § 5., on supposera que de chacune des belles-sœurs du *de cujus*, naîtront trois enfants, ce qui, en y comprenant le neveu du défunt, portera le nombre des héritiers à sept. Le neveu pourra agir contre les possesseurs jusqu'à concurrence du septième des objets qu'ils détiennent.

Les jurisconsultes ont essayé de remédier à l'incertitude sur la part du demandeur, mais la certitude qu'ils donnent à sa demande, ne dure que jusqu'à l'accouchement. Alors seulement, on connaîtra le nombre des héritiers et la part qui revient véritablement à chacun. Aussi Ulpien dit-il avec raison « *Interdùm prætor incertæ partis hereditatis petitionem indulget.* »

La pétition d'hérédité partielle n'a jamais pour but d'arriver à faire le partage de l'hérédité. Le juge n'ordonne dans *l'arbitrium* que la restitution de la partie indivise de l'objet réclamé.

DROIT FRANÇAIS.

———

La pétition d'hérédité n'est pas une création arbitraire du Droit Romain. Elle est une conséquence nécessaire du droit de succéder ; puisque l'on admet que la qualité d'héritier d'une personne donne droit à ses biens, il est à la fois équitable et rationnel de décider : que la constatation du titre d'héritier au profit d'une personne, entraîne la restitution en sa faveur de tous les biens héréditaires possédés par des tiers, convaincus de n'avoir pas le droit héréditaire préférable dont ils se prétendaient investis.

Aussi, cette action se retrouve-t-elle dans l'ancien Droit Français et le Droit actuel, présentant les mêmes caractères généraux qu'en Droit Romain, ayant le même but, modifiée cependant dans ses détails et son application par des différences dans l'organisation sociale et les appréciations diverses des jurisconsultes dans l'application de ses principes.

Le Droit coutumier a subi l'influence du Droit Romain, que l'esprit pratique de nos anciens jurisconsultes modifia cependant dans certaines de ses dispositions qui leur parurent d'un emploi difficile. Le Droit Français actuel a conservé ceux de ces changements qui pouvaient se concilier avec l'esprit général de nos lois nouvelles, et lui-même a introduit des innovations que la pratique française avait désirées sans réussir à les imposer. Cependant, le plus grand nombre des dispositions des lois Romaines, basées sur la logique et l'équité, restent encore debout. Le Code Napoléon, il est vrai, ne les reproduit pas Faut-il en conclure qu'ils les a abrogées et que cette action rentre dans le droit commun ? Pour nous, nous pensons, au contraire, qu'elles doivent indiquer la solution des questions que le législateur n'a ni résolues, ni même soulevées. Du reste, le texte même du Code paraît conforme à cette opinion. L'article 137, C. N., nomme l'action en pétition d'hérédité. Elle existe donc dans notre Droit et rien n'indique qu'elle doive y subir d'autres modifications, que celles qui y sont expressément apportées. Il est à présumer, qu'elle a conservé ses règles particulières, conséquences logiques de ses principes, que le Droit Romain avait émises. L'art. 138 modifie spécialement l'un des effets qu'elles produisait à Rome; n'est-ce pas une raison de penser que le législateur a voulu laisser subsister ceux dont il n'a pas parlé et qui ne sont pas contraires aux principes généraux du Droit ?

Ainsi, le Droit Romain conserve son influence devant

le silence du législateur ; ses règles ayant été précé-
demment établies, l'étude de cette action, en Droit coutumier et en Droit Français, ne peut comprendre que les
modifications produites par l'influence du Droit Germanique, l'esprit pratique des jurisconsultes coutumiers, et
les innovations du Code Napoléon.

Qui peut intenter cette action.

A. — A Rome, avant la loi des Douze-Tables, il
n'appartenait pas au simple citoyen de désigner celui
qui, après sa mort, devait continuer sa personne juridique. La volonté du citoyen était insuffisante pour
changer l'ordre des successions; la cité devait intervenir. Le peuple assemblé par curies, « *calatis comi-
tiis* », ou l'armée sous les armes, représentant le peuple, « *in procinctu* », pouvaient seuls autoriser par une
loi le citoyen à désigner directement celui qu'il voulait avoir pour héritier. Mais le plébéien, ne pouvant
aspirer à voir sa volonté consacrée par les comices,
subissait la loi commune, et il ne lui restait que la
ressource d'une vente fictive, pour attribuer à celui qu'il
avait choisi, sinon la qualité même, au moins la place
d'un héritier.

Plus tard, grâce à la loi des Douze-Tables, la volonté
du citoyen devint la loi de sa succession « *ita legassit,
ita jus esto.* » Ce droit de tester, d'instituer un héritier, condition indispensable à la validité du testament,
fut regardé comme le plus précieux que pût exercer un

citoyen, et mourir sans en user fut presque une honte. Aussi à Rome, les héritiers testamentaires, comme ceux *ab intestat*, peuvent-ils exercer la pétition d'hérédité, car ils sont héritiers selon le droit civil.

B. — Il en fut de même, en France, dans les pays où le Droit Romain se conserva. Dans les pays de droit écrit, l'hérédité fut dévolue d'abord à ceux que le défunt avait institués pour ses héritiers; à défaut de testament, elle revenait aux personnes qui tenaient de la loi leur qualité d'héritiers: « *ubi exstat hominis provisio, cessat legis provisio.* »

Mais dans les pays de coutume, sous l'influence du Droit Germanique, il fut de droit commun que l'homme ne pouvait créer des héritiers. «*Deus solus heredes facit.*» Chez les Germains, la propriété est collective. Ce ne sont pas les individus, mais les familles, qui sont propriétaires. De là, pour l'individu, l'imposibilité de disposer de ses biens, sans le consentement de ses copropriétaires, de les dépouiller de leur droit, pour le transmettre à un tiers. Les transmissions de propriété n'ont pas lieu par testament.

Le Droit commun coutumier ne reconnaît pas d'héritiers testamentaires (Cout. de Paris et d'Orléans). Quelques coutumes seulement, telles que celles de Berry, accordaient à l'homme la faculté d'instituer un héritier; mais, en général, « institution d'héritier n'a lieu, » la volonté de l'homme peut créer des légataires, non des héritiers. L'institué par testament est un simple légataire; il n'a pas la pétition d'hérédité, n'étant pas héritier.

Cependant les Coutumes, subissant en cela l'influence du Droit Germanique, admirent, contrairement aux principes du Droit Romain, que l'institution d'héritier qui ne pouvait être faite par testament, pourrait l'être par contrat.

Le titre XLVIII de la loi salique est consacré aux formalités que doit remplir celui qui veut transmettre la propriété de ses biens à un tiers, comme à un héritier. Le donateur se dessaisit devant l'assemblée générale, ou en présence du roi, en faveur de celui « quem heredem appellavit », et ce dernier est saisi à son tour du donateur et la répétition, au bout de ce temps, par la possession publique pendant douze mois des biens des formalités symboliques qui ont accompagné le dessaisissement du donateur.

Dans la loi des Ripuaires, titre L, le droit d'instituer un héritier est accordé à celui qui n'a pas d'enfants : « Si quis procreationem filiorum vel filiarum non habuerit, omnem facultatem suam in præsentia regis, sive vir mulieri, sive mulier viro, seu cuicumque libet de proximis vel extraneis adoptare in hereditatem, vel in adfatimi per scripturarum seriem seu per traditionem et testibus adhibitis, secundum legem Ripuariam, licentiam habeat.

Ces institutions d'héritiers étaient contraires au Droit Romain, qui lutta contre elles et bientôt elles n'existèrent dans les Coutumes qu'à l'état d'institutions contractuelles, dans les contrats de mariage ; l'institué par contrat de mariage, eut, comme l'héritier légitime, la pétition d'hérédité.

Cette action ne pouvait appartenir qu'aux héritiers. Il y avait cependant certains successeurs aux biens à qui une action générale était indispensable et à qui l'on donna une action « à l'instar de la pétition de l'hérédité. »

Le roi succédant par droit d'aubaine, de bâtardise

ou de déshérence (1), n'est pas héritier, car il ne succède qu'aux biens. De même le seigneur haut justicier, succédant par droit de déshérence ou de bâtardise dans les cas où il en a le droit (2), n'est pas héritier. Ni l'un, ni l'autre, ne continuent la personne du défunt et n'ont droit à l'hérédité. Les biens d'un condamné appartiennent au roi ou au seigneur ; mais ni l'un, ni l'autre, ne sont ses héritiers, car le condamné ne laisse pas de personne juridique à continuer. Il en est de même pour l'aubain. Cependant le roi et le seigneur, qui ne peuvent exercer la pétition d'hérédité proprement dite, ont une action *in rem*, fondée sur le droit de propriété à l'universalité des biens acquis à titre d'aubaine, de bâtardise, de déshérence, de confiscation. La même action existe au profit du seigneur pour se faire restituer tous

(1) *Droit d'aubaine*, est le droit de succéder aux étrangers qui décèdent dans le royaume, sans enfants qui y soient nés en légitime mariage.

Droit de déshérence, est le droit de succéder à une personne née en légitime mariage, décédée sans avoir testé et sans héritiers connus.

Droit de bâtardise, est le droit de succéder à un bâtard, décédé sans avoir testé et sans enfants nés en légitime mariage.

(2) Le Droit d'aubaine n'appartient qu'au roi. Les seigneurs, haut justiciers, usurpèrent le droit de déshérence qui appartient au seigneur dans la justice duquel était le domicile du défunt et au seigneur haut justicier des terres dans l'étendue desquelles étaient situés les biens que laissait le défunt. Le droit de bâtardise devait appartenir au roi. Il fut accordé aux seigneurs haut justiciers sous trois conditions : que le bâtard fût né en la terre du seigneur ; qu'il y fût domicilié au temps de sa mort ; qu'il y soit décédé. Si l'une de ces conditions manque, le roi succède au bâtard.

les biens d'un serf décédé sans parents avec qui il vécut en commun.

Un religieux, pourvu d'un bénéfice qui l'a fait sortir d'un cloître, cesse d'avoir une personne civile, par suite de sa profession religieuse. Il ne peut avoir d'héritiers. L'universalité des biens qu'il laisse à son décès, n'est pas une hérédité; c'est un pécule, et ceux que la loi appelle à la succession de ce pécule, ont une action générale « à l'instar de la pétition. »

a. Sous l'empire du Code Napoléon, le principe du Droit coutumier « *institution d'héritier n'a lieu,* » a été conservé. La pétition d'hérédité proprement dite n'appartient qu'aux héritiers légitimes, aux continuateurs de la personne juridique du *de cujus*.

Quant à ceux qui, sans être héritiers du défunt, succèdent à ses biens, ils ont une action qui n'est pas la pétition d'hérédité, mais qui n'en diffère que « *subtilitate juris* », pouvant être exercée dans les mêmes circonstances et arrivant aux mêmes résultats. Aussi peut-on dire, que la pétition d'hérédité appartient aux héritiers légitimes, et aux successeurs aux biens, c'est-à-dire : aux héritiers irréguliers.

L'enfant naturel, ses père et mère, ses frère et sœur naturels, le conjoint, l'Etat. (Art. 756. 757. 758. 765. 766. 767. 768. C. N.);

Aux héritiers anomaux : l'adoptant et ses descendants, l'ascendant donateur, les frère et sœur légitimes de l'enfant naturel. (Art. 351. 747. 766. C. N.);

A ceux que le *de cujus* appelle à lui succéder : le légataire universel, le légataire à titre universel, les héritiers contractuels.

Elle appartient encore aux ayants-droit et cessionnaires de ces héritiers ou successeurs.

a. Elle peut être exercée par tous les parents au degré successible, en cas d'inaction des appelés à recueillir la succession. Dans l'ancien Droit cependant, l'art. 318 de la Cout. de Paris : « *Le mort saisit le vif, son hoir le plus proche et habile à succéder,* » semble décider, que, parmi les héritiers, un seul, le plus proche, étant saisi, a le droit d'exercer la pétition. Mais, il faut observer, que la solution de cette question est indépendante de l'explication de cet article, et ne se rattache pas au point de savoir, si parmi les héritiers un seul est saisi. Sans doute, si tous les héritiers étaient saisis, il serait incontestable qu'ils auraient tous le droit de contraindre les tiers à délaisser les biens, dont tout héritier a la saisine. Mais, quelle que soit l'opinion admise sur la collectivité de la saisine, il faut reconnaître, que la pétition d'hérédité appartient, même aux héritiers les plus éloignés, lorsque les plus proches restent dans l'inaction. — Dumoulin *Commentarii in consuetudines parisienses,* Tit. I. § 33. n⁰ 90, et plus tard, le nouveau Denisart. v⁰ Héritier, § 2. n⁰ 16, confirment cette solution. Le dernier s'exprime ainsi : « La loi reconnaît pour habiles à succéder au défunt, tous les parents; d'abord les plus proches, et à son défaut les plus éloignés. De là il résulte, que tant que les plus proches à succéder ne se présentent point, on ne peut contester la succession aux parents plus éloignés qui sont réputés saisis à l'égard des tiers. »

« Si, dans la suite, un parent plus proche se présente, il réclamera la succession contre le parent éloigné qui s'est porté héritier. Ce dernier sera tenu de lui rendre tous les biens héréditaires qui sont encore en sa possession, sur ce que entre eux c'est le plus proche qui a été saisi par la loi. »

Dans le Droit Français actuel, le texte de l'art. 724 C. N., est plus favorable que l'art. 318 de la Cout. de Paris à la collectivité de la saisine ; mais, sans s'appuyer sur ce principe contesté, on peut admettre encore la solution de l'ancien Droit.

Le droit de se mettre en possession des biens héréditaires appartient, en cas d'inaction du parent le plus proche, non-seulement à l'héritier du degré subséquent, mais encore à tous les parents du degré successible, car ils ont un droit à l'hérédité, et décider qu'ils ne pourront l'exercer, que lorsque celui des héritiers plus proches sera prescrit, ce serait en somme le leur enlever, car ils ne pourraient se mettre en possession qu'après trente ans à partir de l'ouverture de la succession, et leur droit, comme celui des héritiers plus proches, serait alors prescrit.

S'ils ont le droit de se mettre en possession, ils peuvent agir contre ceux qui sont en possession des biens héréditaires et qui ne sont pas héritiers, sans que ces derniers puissent opposer qu'il existe des parents plus proches. Il est vrai que ces parents ont un droit préférable à celui du demandeur, mais ils sont étrangers au procès. Le défendeur ne les représente pas. Le débat s'engage entre le demandeur qui a un droit, le défendeur qui n'a que sa possession, et il doit être vidé, abstraction faite des droits des tiers, les moyens propres à chacune des parties étant seuls pris en considération. Sans doute, ce résultat ne se produirait point, s'il s'agissait d'une revendication. Le revendiquant doit prouver qu'il est propriétaire ; s'il ne fait pas cette preuve, ou si le défendeur prouve qu'un autre est propriétaire, le demandeur succombe.

Dans une cause, en effet, où le demandeur n'a pas plus de droits que le défendeur, il est juste que les choses restent dans l'état antérieur, et que le possesseur conserve la possession. Si les mêmes principes étaient appliqués en matière de pétition d'hérédité, il en résulterait que, le parent agissant contre un possesseur de l'hérédité, devrait prouver son droit de propriété et ne réussirait, par conséquent, qu'à la condition d'établir qu'il est le plus proche parent du défunt.

Mais, ce qui est vrai pour la revendication, cesse de l'être pour la pétition d'hérédité. Dans cette dernière action, le parent demandeur et le défendeur ne sont pas « *in pari causa* », car le lien de parenté qui unit le demandeur au défunt, est un titre supérieur au fait de la possession, et qui constitue un droit à l'hérédité, tant que l'héritier appelé n'a pas définitivement accepté l'hérédité.

Ainsi, la preuve à faire par le demandeur est celle de sa parenté avec le défunt, toutes les fois que le demandeur n'est pas héritier. Cette preuve serait insuffisante si le défendeur établissait aussi sa qualité d'héritier. Le procès est alors dans le point de savoir qui est plus proche en degré et celle des parties qui fournit la preuve de sa proximité triomphe. Dans le second cas, il faut ajouter à la preuve de la parenté, celle de la proximité ou de l'égalité du degré.

b. Le Droit romain, notre ancien Droit (Voyez Pothier, N° 367, *Traité du droit de propriété*. Part. 11. Ch. 11. Section 1. Art. 2.), décidaient que l'héritier pour partie avait la pétition d'hérédité comme l'héritier pour le tout, mais avec cette différence, que, tandis

que l'héritier pour le tout pouvait revendiquer la succession tout entière, quelle que fût la quantité d'objets possédés par le défendeur, l'héritier pour partie
n'obtenait du possesseur qu'une quotité des objets
détenus par lui, égale à sa part dans la succession.
On se demande, dans notre Droit actuel, si l'héritier,
pour partie d'une succession, agissant contre un possesseur de cette succession, devrait se borner à lui réclamer sa part et si le possesseur pourrait faire res-
treindre sa demande à cette part, dans le cas où
cet héritier réclamerait la totalité de ce qu'il détient.

Nous croyons que, sans qu'il soit besoin d'admettre
que chaque héritier a la saisine de toute l'hérédité, le
demandeur peut agir pour le tout, même s'il n'est qu'héritier pour partie. En effet, si son droit est restreint, ce
n'est, que par l'existence d'ayants-droits au même degré
que lui, et ce droit cesse d'être restreint, si ces ayants-
droits ne profitent pas de leur vocation ; donc, le demandeur a un droit éventuel à la totalité et, s'il appartient à quelqu'un de lui opposer que ce droit n'est qu'é-
ventuel, ce ne peut être au possesseur, mais aux cohéritiers seuls. Or les cohéritiers se taisent et le possesseur
est sans titre pour exciper de leurs droits. La situation
est la même que lorsque l'action est exercée par un parent éloigné. Le possesseur ne peut opposer l'existence
d'ayants-droit préférables.

Contre qui existe la pétition d'hérédité.

A. La pétition d'hérédité compète à l'héritier contre

les détenteurs d'objets héréditaires , toutes les fois que ces tiers ne contestent pas le droit du défunt sur les choses qu'ils détiennent, mais seulement le droit du demandeur dont ils se prétendent investis. Le droit du défunt étant reconnu par les parties, la question est alors tout entière dans le point de savoir qui est héritier, du demandeur ou du défendeur. Celui qui établit qu'il est héritier préférable, triomphe.

Si, au contraire, le droit du défunt est contesté par le défendeur, la preuve que l'héritier avait à faire pour triompher par la pétition d'hérédité est insuffisante, car, il doit prouver, non-seulement qu'il est héritier, mais encore, que le *de cujus* était propriétaire. Dans le premier cas, une question d'hérédité est seule soulevée ; dans le second , il y a à la fois une question de propriété et d'hérédité. La dernière étant résolue, le procès s'engage comme si le défunt vivait encore. Ce n'est plus par la pétition d'hérédité qu'agit l'héritier, puisqu'il exerce l'action qui eût appartenu au défunt de son vivant.

Il n'y a lieu d'intenter la pétition d'hérédité que lorsque la seule preuve à faire par le demandeur est celle de sa parenté ou de la proximité de son degré. Les défendeurs, contre qui cette preuve ne suffirait pas, ne peuvent être poursuivis par cette action. Elle existe, au contraire, contre tous ceux que cette preuve écarterait, c'est-à-dire, contre les possesseurs d'objets héréditaires qui indiquent, comme cause de leur possession, leur qualité d'héritier et l'opposent au demandeur en refusant de la lui reconnaître. Le procès est alors tout entier dans le point de savoir qui est héritier et le but immédiat du demandeur est de faire reconnaître cette qualité à son profit.

Il est essentiel que le défendeur se prétende héritier ou tout au moins successeur universel, quelle que soit la qualité des objets qu'il possède, qu'il y ait dans les prétentions des deux parties la négation de leurs titres respectifs et l'affirmation d'une qualité qui ne puisse exister en même temps chez toutes les deux.

B. Ces conditions se trouvaient réunies à Rome lorsque l'héritier agissait contre ces possesseurs que l'on nommait « *pro herede* et *pro possessore*. »

En Droit Français l'action ne peut exister que contre ces mêmes possesseurs : contre tous ceux qui prétendent avoir, en le contestant à l'héritier, un droit général sur l'hérédité, un droit tel, que s'ils en étaient réellement investis, ils auraient l'exercice de l'action. Leur possession correspond à la possession « *pro herede* »; contre tous ceux qui, n'ayant et n'alléguant aucun droit, possèdent cependant tout ou partie de la succession, se gérant comme propriétaires de l'hérédité tout entière et dont tous les moyens de défense consistent dans une négation, et dans l'espoir que le défendeur ne justifiera pas ses prétentions. Leur usurpation correspond à la possession « *pro possessore*. »

C. Le Code Napoléon fournit plusieurs exemples de la première espèce de ces possesseurs.

Tels sont : le parent plus éloigné qui, à raison de l'absence ou de l'inaction des parents plus proches, s'est mis en possession de l'hérédité;

L'héritier irrégulier, qui s'est mis en possession malgré l'existence d'héritiers légitimes ;

Le parent du même degré qui, ayant pris possession exclusive de l'hérédité tout entière, refuse de reconnaître son cohéritier comme tel.

D. Le cohéritier demandeur reconnaît au possesseur un droit à l'hérédité; il agit donc comme héritier pour partie; il est difficile et en même temps très-important de distinguer, au point de vue de la prescription de l'action et de la restitution des fruits, à quelle action est soumis, dans ce cas, le possesseur. Est-ce à l'action en partage ou à la pétition d'hérédité?

« Dans nos usages, dit Pothier, n° 372, *loc. cit.*, un héritier pour partie débute ordinairement par donner la demande à fin de partage contre les autres héritiers qui se sont emparés des effets de la succession. Mais, si les héritiers, assignés sur cette demande, disputent au demandeur la part qu'il prétend dans la succession dont il demande le partage, le demandeur, en soutenant que la part qui lui est disputée lui appartient, est censé intenter contre eux la pétition d'hérédité pour cette part; et cette pétition doit être instruite et jugée préalablement à la demande à fin de partage. »

L'action en partage suppose reconnus par les deux parties, leurs droits respectifs à l'hérédité. Le demandeur ne conteste pas au possesseur son droit héréditaire, le but de son action est de faire limiter ce droit. De son côté, le défendeur possède *pro indiviso*, ce qui suppose qu'il reconnaît à son adversaire un droit sur la chose qu'il possède. Si une contestation s'élève à propos de ce droit, elle ne peut porter sur son existence même, mais seulement sur son étendue.

Lorsque l'héritier pour partie agit contre le possesseur, il reconnaît l'existence de son droit héréditaire. Il ne veut en contester que l'étendue. Il est naturel qu'il exerce l'action en partage, car, sûr de son droit, il ne peut présumer qu'il sera méconnu par son adversaire. Mais l'adversaire le méconnaît, et soutient que personne ne peut avoir un droit qui lui appartient exclusivement ; la question se transforme. Le débat n'est plus engagé sur l'étendue du droit, mais sur son existence. Ce n'est plus une action en partage qui est exercée ; le refus de connaître la qualité du demandeur en a fait une pétition d'hérédité. L'action en partage sera suspendue jusqu'à la solution du procès, qui décidera si le demandeur est héritier ; et si la décision est affirmative, l'action en partage sera reprise.

Si l'on suppose maintenant que le demandeur agit après qu'un laps de temps suffisant pour la prescription de la pétition d'hérédité s'est écoulé, on comprendra aisément l'importance de la distinction.

Car, si les héritiers possesseurs « lui disputent la part qu'il prétend dans la succession, » il ne pourra plus exercer l'action qui doit précéder nécessairement la demande en partage, et le partage deviendra impossible, la question d'héritier ne pouvant être jugée en sa faveur.

On dit que cette question est préjudicielle, en ce sens : que si elle est décidée contre le demandeur, elle met fin immédiatement à sa demande. En général, elle n'est qu'un incident, dont connaît le juge du principal.

E. Ce n'est pas seulement contre ces possesseurs qui prétendent avoir une vocation personnelle à la succession, qu'existe la pétition d'hérédité; mais encore contre ceux à qui ils ont transmis leurs droits successifs. Mais il faut distinguer avec soin ces acquéreurs de droits successifs, possesseurs universels, ayant l'*animus domini* sur la succession tout entière, des acqué-

7

reurs d'objets héréditaires individuellement envisagés. Les premiers jouissent de tous les droits et sont soumis aux mêmes obligations qui eussent pesé sur leur vendeur, et passibles des mêmes actions. Le vendeur ne leur transmet pas sa qualité d'héritier; il reste en cette qualité soumis à l'action du véritable héritier; mais les cessionnaires succèdent à l'obligation de restituer qui pesait sur leur auteur; de telle sorte, que l'héritier peut alors agir, soit contre le cédant, soit contre le cessionnaire, selon son intérêt. Mais la demande est régie par les principes en vigueur en matière de pétition d'hérédité.

Les acquéreurs d'objets individuels, n'ayant pas l'*animus domini* sur l'hérédité, ne sont pas soumis à la pétition et, si une action existe contre eux, s'il est permis à l'héritier de ne pas respecter les actes du possesseur, cette action ne peut être que la revendication.

But de la pétition d'hérédité.

La pétition d'hérédité a pour but de faire constater, au profit du demandeur, le droit héréditaire que prétend avoir le défendeur; en conséquence, de lui faire attribuer, s'il arrive à faire la preuve de sa qualité, tous les droits attachés au titre d'héritier; par suite, le défendeur est forcé de restituer au demandeur tous les objets héréditaires qui se trouvent en sa possession, suivant ce principe: *omne lucrum auferendum esse tam bonæ fidei possessori quam prædoni.* La restitution com-

prendra donc tous les biens avec leurs améliorations,
sans qu'il y ait lieu de distinguer entre celles provenant du fait du possesseur ou d'un événement de la
nature, sauf l'obligation pour l'héritier de rembourser
au possesseur les impenses qu'il a faites.

La restitution imposée au défendeur, sa responsabilité à l'égard des détériorations qu'il a commises,
les obligations dont l'héritier est tenu, sont soumis à
différentes règles, selon que le possesseur est de bonne
ou de mauvaise foi.

Il est donc très-important de distinguer d'abord,
dans quel cas on peut considérer le possesseur comme
étant de bonne foi, et secondement, d'examiner quels
sont, en Droit français, les effets de cette distinction.

Distinction entre la bonne et la mauvaise foi.

A Rome, le possesseur de bonne foi était, d'après le
sénatus-consulte Juventien, celui qui : « *se heredem esse
existimat,* » par erreur de fait ou de droit.

L'art. 550 C. Nap. définit ainsi ce possesseur : « Le
possesseur est de bonne foi, quand il possède comme
propriétaire, en vertu d'un titre translatif de propriété
dont il ignore les vices. Il cesse d'être de bonne foi
du moment où ces vices lui sont connus. »

On peut, d'après cet article, dire que l'on possède
de bonne foi une hérédité, quand on la possède comme
héritier, en vertu d'un titre que l'on croit valable.

L'erreur de fait et l'erreur de droit sont également

excusables. Ainsi, bien que tout le monde soit présumé connaître la loi, on peut admettre la bonne foi de celui qui possède contrairement à la loi, pourvu toutefois que son erreur ne soit pas si grossière qu'il soit impossible de la considérer comme involontaire. Il appartient aux tribunaux de décider, selon les circonstances, dans quel cas l'erreur de droit n'empêche pas la bonne foi d'exister.

Relativement à la bonne foi utile pour diminuer les obligations du possesseur, il suffit de rechercher si le possesseur a dû croire son titre valable, que ce titre existât réellement, ou bien qu'il n'existât que dans sa pensée. Ces conditions seraient insuffisantes, pour qu'il pût opposer la prescription et se prétendre propriétaire après dix ou vingt ans. L'art 2265 exige la bonne foi et un juste titre, et, d'après l'art. 2267, si ce titre était nul pour défaut de forme, il ne pourrait servir de base à la prescription. Mais l'art. 550 ne reproduit pas les exigences des art. 2265 et 2267 et un titre nul pour défaut de forme qui ne saurait servir de base à une possession utile pour la prescription, peut, cependant, justifier la possession et éviter au possesseur les conséquences de la mauvaise foi. Cette doctrine était celle du Droit Romain et de Pothier.

La bonne foi peut exister, alors même que le possesseur n'ignore pas qu'il y a des personnes ayant sur l'hérédité qu'il détient, un droit préférable au sien. Mais la bonne ou la mauvaise foi dépend alors d'une circonstance de fait. Ainsi, un parent éloigné se met en possession d'une hérédité qu'il sait cependant appartenir à un parent plus proche qui reste dans l'inaction; la connaissance de l'existence de ce parent, ne le

constitue pas possesseur de mauvaise foi, puisqu'il a
le droit de se mettre en possession et même d'exercer
l'action héréditaire si les premiers appelés ne prennent
pas parti. Il sera de bonne ou de mauvaise foi selon
que la cause de l'inaction des héritiers plus proches
sera leur négligence ou leur ignorance de la délation
de l'hérédité à leur profit ; les tribunaux auraient
donc à rechercher si le possesseur savait que le
motif de l'inaction des héritiers préférables était l'ignorance de l'ouverture de la succession , ou bien s'il a
dû présumer que ces héritiers entendaient rester à
l'écart. Le possesseur serait de mauvaise foi dans le
premier cas, de bonne foi dans le second.

Le parent, même éloigné, a pu se mettre en possession
sans se faire autoriser par la justice; il est des successeurs à qui la loi impose l'obligation de demander aux
tribunaux l'envoi en possession. (Art. 770 , 772 , 773,
Code Nap.) Doit-on décider, lorsque malgré l'existence
d'un héritier légitime , ils se seront mis en possession,
sans observer les formalités prescrites , qu'ils doivent
être toujours considérés comme possesseurs de mauvaise foi? L'art. 772 répond négativement. Ils *pourront
être condamnés* à des dommages intérêts , dit cet article , c'est-à-dire , comme possesseurs de mauvaise foi ,
mais la condamnation n'est pas imposée et le tribunal peut prendre en considération les diverses circonstances, qui devaient faire supposer au successeur qu'il
ne se trouvait pas dans le cas d'application de cet
article , où la condamnation n'est possible qu'au cas où
il se présente des héritiers.

Si , au contraire , le successeur avait été envoyé en
possession par justice et avait rempli toutes les forma-

lités légales, sa bonne foi serait incontestable, surtout
si, connaissant l'existence d'un héritier légitime, il ne
l'avait pas dissimulée aux tribunaux.

Ce bénéfice de la bonne foi cesse dès que les vices de
sa possession sont connus du possesseur (art. 550). En
Droit Romain, il en était de même. L'introduction de
la demande transforme aussi la possession de bonne
foi en possession de mauvaise foi.

Tout possesseur qui, selon les indications précéden-
tes, ne saurait être considéré comme étant de bonne
foi, est soumis envers l'héritier à la responsabilité
générale qu'édictent les art. 1382 et 1245. Sa mauvaise
foi le soumet envers l'héritier à une obligation qui ne
saurait lier le possesseur de bonne foi.

Nous allons examiner les modifications apportées par
le Droit Français aux résultats que produisait à Rome
la distinction entre la bonne et la mauvaise foi.

Restitution du fonds héréditaire.

A. La situation du possesseur de mauvaise foi n'est
pas meilleure en Droit Français qu'en droit Romain. Il
doit restituer tous les biens dont il s est emparé ; il est
responsable des détériorations qui lui sont imputables et
des pertes survenues par cas fortuit. Il est obligé par
son dol envers l'héritier et doit administrer la chose
possédée avec le plus grand soin, car il est tenu de
réparer tout dommage causé par sa possession.

B. Quant au possesseur de bonne foi, considéré

comme propriétaire tant que dure sa possession , n'étant lié par aucune obligation envers l'héritier , sa position est la même sous l'empire du Code Napoléon que sous les lois Romaines.

Il doit restituer les biens dans l'état où ils se trouvent (art. 132).

Cependant cette solution qui a pour elle l'histoire, la logique et l'équité, a été controversée. On a soutenu que le possesseur de bonne foi était tenu de restituer le fonds héréditaire dans l'état où il devrait être, sauf les pertes arrivées par force majeure.

a. Dans ce système, on considère l'art. 132 comme spécial au cas d'absence. Cet article, dit-on, ne peut être appliqué que lorsque l'envoi définitif est prononcé, c'est-à-dire, lorsque trente-cinq ans se sont écoulés depuis le commencement de l'absence, ou cent ans depuis la naissance de l'absent. L'envoyé définitif a sur les biens de l'absent qui, selon toutes les probabilités, ne lui seront jamais réclamés , des droits très étendus qui ne peuvent appartenir au possesseur de bonne foi. Du reste, cet article ne s'applique qu'aux biens qui appartenaient à l'absent lors de sa disparition et nullement aux droits éventuels que d'autres ont recueillis à son défaut.

On oppose encore les art. 137 et 138, qui concèdent au possesseur de bonne foi certains droits sur les biens de l'absent, mais qui ne vont pas jusqu'à l'autoriser à ne pas restituer les biens eux-mêmes; d'où cette conséquence, que la restitution doit en être faite intégralement, dans l'état où ils devraient se trouver, si aucun amoindrissement n'avait eu lieu par le fait du possesseur.

On tire aussi argument des art. 1042 et 1245. D'après l'art 1042, l'héritier, même de bonne foi, qui, dans l'ignorance d'un legs, a détérioré la chose léguée, est responsable vis à vis du légataire de la dégradation ou de la perte provenant de son fait.

L'art. 1245 constitue le débiteur d'un corps certain, responsable des détériorations provenant de son fait ou de sa faute.

b. Nous pensons, malgré la valeur de ces arguments, que le principe du Droit Romain doit être maintenu, que le possesseur n'est tenu que de restituer les biens dans l'état où ils se trouvent.

Les art. 137 et 138, introduits en faveur du possesseur de bonne foi, n'ont nullement pour objet de limiter ses pouvoirs, mais d'éviter les difficultés pratiques auxquelles donnait lieu la restitution des fruits, faite selon le principe du Droit Romain.

Le Code, donnant à l'absent la pétition d'hérédité, sans la définir, s'en réfère aux règles antérieures ; leur substituer une règle nouvelle qui ne se trouve nulle part édictée, ce serait faire la loi. Du reste, les principes du Droit Romain, que notre ancien Droit avait, en cette matière, universellement admis, ne reposent pas seulement sur des considérations d'équité, ils s'appuient sur des principes de Droit incontestables.

Décider que le possesseur de bonne foi est tenu de restituer autre chose que ce qu'il possède, c'est supposer qu'il est lié envers l'héritier, par une obligation ayant une autre cause que sa possession. Cette obligation existe pour le possesseur de mauvaise foi, à cause de son dol et de sa perpétuelle mise en demeure de restituer. Mais le possesseur de bonne foi n'est obligé

que comme détenteur. En même temps que sa possession, cesse son obligation; et cela est équitable, car
il n'a aucune faute a se reprocher. Il ne doit pas s'enrichir, mais il ne doit pas non plus s'appauvrir et diminuer, lorsque aucune faute ne lui est imputable, son
patrimoine, au profit d'un héritier à qui, en définitive,
on peut reprocher sa négligence.

Quant à l'argument d'analogie tiré de la responsabilité
de l'héritier envers le légataire, il n'aurait de valeur
qu'autant que la situation du possesseur de bonne foi serait
la même que celle de cet héritier. Le Droit Romain les
distinguait, et la disposition de l'art. 1042 se retrouve
dans le § 16 Inst. L. II T. XX. C'est qu'en effet, entre
l'héritier et le possesseur existe cette différence : que
le possesseur n'a pas entendu s'obliger, que s'il avait su
la vérité, il aurait refusé de se mettre en possession,
tandis que l'héritier, en acceptant purement et simple-
ment la succession, a consenti à devenir responsable vis
à vis de tous les ayants-droit de l'hérédité. Il pouvait
éviter cette situation en acceptant sous bénéfice d'inventaire, et alors, comme administrateur, il devait
s'abstenir de tout acte préjudiciable aux intérêts de la
succession.

L'art. 1245 reproduit aussi une disposition du Droit
Romain; si l'on veut argumenter de cet article, il faut
supposer que le corps certain est dû, non par le débiteur lui-même, car il est personnellement obligé et
cette obligation entraîne la responsabilité de son fait et
de sa faute; mais par son héritier qui, ignorant la
dette, a pu se croire de bonne foi propriétaire. Mais
cet héritier est obligé autrement que par le fait de la
possession vis à vis du créancier. Il continue le défunt

et est soumis aux mêmes obligations. Comme son auteur, il doit subir l'art. 1245. Il n'est pas dans la même situation que le possesseur de bonne foi, puisque son obligation était antérieure même à la possession.

Le possesseur de mauvaise foi étant responsable de tous ses actes, s'il a aliéné des biens héréditaires, l'héritier peut agir contre lui pour obtenir la restitution du prix de vente, ou de la valeur des objets vendus. Quant au possesseur de bonne foi, il ne doit le prix du fonds aliéné que s'il l'a touché. Il faut donc distinguer entre les aliénations à titre gratuit et les aliénations à titre onéreux.

S'il a aliéné à titre gratuit, ce possesseur n'est tenu envers l'héritier à aucune indemnité, à moins qu'il ait profité de la donation, par suite de charges imposées au donataire, ou que cette donation puisse être considérée comme le paiement d'une obligation naturelle.

S'il a aliéné à titre onéreux, les restitutions sont régies par ce principe : qu'il ne doit retirer aucun profit de la succession, ni subir aucune perte. Aussi, est-il tenu de rembourser le prix qu'il a reçu, que ce prix soit inférieur ou supérieur à la valeur réelle de l'objet.

Tels sont les droits de l'héritier contre les possesseurs. Nous exposerons plus bas quels sont ses droits vis à vis des tiers qui ont traité avec ces possesseurs.

De la restitution des sommes perçues par le possesseur.

La distinction entre la bonne et la mauvaise foi du

possesseur produisait à Rome, relativement aux sommes d'argent, des effets que notre ancienne jurisprudence avait déjà modifiés.

A. D'après le S. C. Juventien, le possesseur de bonne foi n'était tenu que « *quatenus locupletior factus est* »; considéré comme propriétaire pendant sa possession, le possesseur pouvait disposer des biens héréditaires et n'en était responsable que jusqu'à concurrence du profit qu'il en avait retiré. Mais l'extension donnée à cette règle était trop large, bien que la règle en elle même fût juste et équitable. Ainsi, lorsque le possesseur avait reçu paiement des débiteurs de l'hérédité ou touché le prix de la vente consentie par lui, s'il affirmait ne s'être point enrichi, c'était au demandeur à prouver qu'en réalité il avait profité de ces sommes. Nos anciens jurisconsultes furent frappés des difficultés que présentait cette règle, ainsi comprise, dans son application. Comment savoir, en effet, si le possesseur, qui après avoir touché le prix des ventes ou les sommes dues, les a employées, en est, au moment du procès, plus riche ou non? Si cet argent, qui a servi à divers usages, a, en définitive, augmenté sa fortune? Cette difficulté pratique et le motif qu'indique Pothier : la nécessité pour savoir si le possesseur s'est enrichi « d'entrer dans le secret des affaires des particuliers, ce qui ne doit pas être permis », amenèrent les praticiens à créer une autre règle, qui est : « que personne ne devant être présumé dissiper ce qui fait le fonds d'un bien qu'il croit lui appartenir, le possesseur de bonne foi des biens d'une succession, est censé avoir profité de tout ce qui lui est parvenu des biens de cette succession et qui en compose le fonds mobilier,

et en profiter encore au temps de la pétition d'hérédité, à moins qu'il ne fasse apparoir du contraire. »

Ainsi, tandis que en Droit Romain, si le possesseur
de bonne foi prétend qu'il ne s'est pas enrichi, c'est
au demandeur à prouver le contraire, dans l'ancien
Droit, le demandeur ne sera pas déchargé de cette
preuve, qui incombera au défendeur.

B. Nous ne croyons pas que, dans le Droit moderne,
le défendeur jouisse encore de la faculté que lui accordait Pothier de « faire apparoir du contraire, » c'est-
à-dire, de fournir la preuve qu'il a follement dissipé,
sans profit pour lui, les sommes héréditaires. On conçoit, en effet, combien il serait étrange que la loi favo-
risât les dissipations du possesseur, qu'elle accordât
à celui qui ferait preuve d'une mauvaise gestion de
l'hérédité, une immunité qu'elle refuserait au sage administrateur. — Certains auteurs pensent cependant, que
le possesseur ne serait pas tenu de restituer les prix
des ventes dont il prouverait qu'il n'a pas profité, sans
qu'il y eût de sa faute, parce que les pertes arrivées
par cas fortuit, sont à la charge de l'héritier, puisque
le possesseur n'est tenu de rendre les biens que dans
l'état où ils se trouvent. Art. 132. — Mais la suite de
ce même article rejette cette distinction : « Le possesseur
recouvrera le prix des biens qui auraient été aliénés. »
Ainsi, la loi ne distingue pas selon l'usage qu'a fait
du prix le possesseur. Elle le constitue débiteur personnel de l'héritier et, dès lors, son obligation subsiste,
malgré la perte du prix arrivée par cas fortuit ou par
sa faute. Du reste, le possesseur aurait pu profiter du
prix, en retirer des avantages auxquels l'héritier
n'aurait pas eu droit. Il est juste qu'il supporte les
pertes.

De la restitution des fruits.

A. La règle Romaine « *Fructus augent hereditatem* »,
applicable au possesseur de bonne foi comme à celui de
mauvaise foi, fut conservée dans notre ancien Droit,
malgré ses difficultés pratiques. Le possesseur, même
de bonne foi, était comptable envers l'héritier, de tous
les fruits par lui perçus, jusqu'à concurrence de son
émolument. Les jurisconsultes regrettaient cependant,
que les mêmes motifs qui avaient amené les changements introduits dans l'application de la règle « *quate-
mus locupletior* », n'eussent pas fait décider, que le
possesseur de bonne foi ferait les fruits siens. Ainsi
que le faisait observer Pothier, il aurait dû être déchargé de compter les fruits à l'héritier, car si un père
de famille peut être présumé conserver son fonds mobilier, il faut présumer au contraire qu'il dépense ses
revenus. Cependant, on exigeait dans le Droit Coutumier que le possesseur comptât les fruits à l'héritier
qui l'avait évincé.

Cette obligation ne se trouve pas pourtant dans
toutes les coutumes. La règle romaine n'est pas appliquée si absolument que, même dans les Coutumes où
elle est en vigueur, on ne puisse quelquefois y déroger.
Domat cite un exemple de dérogation à cette règle qui
laisse supposer qu'elle n'était pas rigoureusement appliquée. De deux frères, cohéritiers de leur père, l'un a
joui de tous les biens de la succession, en l'absence de
son frère qu'il croyait mort. Le possesseur devra rendre

à son cohéritier, quand il reviendra, toute sa part de la
succession avec les jouissances, car la bonne foi de
l'héritier qui jouit de tous les biens de la succession, renferme la condition, que, s'il se trouve avoir un cohéritier,
il lui fera justice de sa portion. Mais si l'on suppose que
lorsque le possesseur a recueilli la succession il se trouvait seul, sans qu'il parût exister d'autres héritiers, et
qu'après plusieurs années de jouissance, il survienne
un autre héritier au même degré dont la parenté était
auparavant inconnue, il faudra, si celui qui a joui de la
succession ne peut rendre les fruits de la portion
de son cohéritier sans être ruiné ou beaucoup incom-
modée, modérer, suivant l'équité, cette restitution par
quelques tempéraments selon les circonstances. Domat,
Lois civiles, L. III. Tit. V. Sect. III. nº IX.

Dans la Coutume de Normandie, l'action pour recou-
vrer la possession perdue d'un héritage, nommée Action
de Loy apparaissant (1), a pour résultat, de forcer le
possesseur de bonne foi à la restitution des fruits qu'il
a perçus, mais seulement à partir du jour de la demande en délaissement.

Cette disposition, si contraire aux principes du Droit
Romain, se retrouve dans la Coutume de Bretagne,
art. 331 de l'Ancienne Coutume, et 597 de la nouvelle:

---

(1) Cette revendication particulière, admise par la Coutume de
Normandie, n'existe que sous trois conditions: 1º que le demandeur justifie qu'il est propriétaire de l'héritage et qu'il en a perdu
la possession depuis moins de 40 ans. 2º Que le défendeur possède l'héritage sans en être propriétaire. 3º Que l'héritage en
litige soit désigné d'une manière certaine par ses bornes et par
sa situation.

« Ne seront aussi subjects à rapport, les fruits et levées des héritages communs perceus par l'un des cohéritiers paravant la demande du partage fait en jugement. » Dans l'ancienne Coutume, au lieu de « fait en jugement, » on lit « par court, » et Dumoulin annotait ainsi cette disposition : « *Id est judicialiter, quod est injustum, maxime cum sciret se habere coheredem et fructus sunt pars successionis.* » Mais la règle du Droit Romain dut céder devant cette considération d'équité : « que la restitution totale des fruits devait entraîner la ruine du possesseur et qu'il n'était pas juste que l'inaction ou la négligence de l'héritier causassent la ruine du posseur. » D'Argentré. Commentaire sur la Coutume de Bretagne.

Si Pothier regrettait que le possesseur de bonne foi fût obligé de rendre compte des fruits, Lebrun allait plus loin : « Il est certain que dans notre usage, la bonne foi du possesseur l'exempte de restituer les fruits de la succession. C'est pourquoi, si un héritier ayant usurpé la part de son cohéritier, en a disposé, la bonne foi de l'acquéreur le dispense de la restitution des fruits. Mais cela n'a lieu qu'en cas que les fruits ne soient plus en nature; car s'ils y sont encore, il ne peut se dispenser de les restituer.» *Traité des successions*, L. II. Ch. VII. Sect. I.

Cependant, malgré les désirs et les efforts de nos anciens jurisconsultes, malgré les dispositions de certaines Coutumes, il faut reconnaître que dans le Droit commun Coutumier, la règle *fructus augent hereditatem* est en vigueur. Le possesseur de bonne foi ne fait pas les fruits siens. Il en est comptable vis-à-vis de l'héritier, comme des sommes qu'il a reçues. Cette règle doit cependant, subir l'influence de ce principe : que si le possesseur ne doit pas s'enrichir à cause de l'hérédité, il ne doit pas non plus diminuer son patrimoine. Aussi, comme en Droit Romain, doit-il les fruits exstants dans leur intégralité et les fruits non exstants jusqu'à concurrence de ce dont il s'est enrichi.

B. Dans le Droit Français actuel , le législateur s'est montré touché de l'impossibilité pour le possesseur de bonne foi, de prévoir une restitution future , et les articles 138, 549 , 550 décident que le possesseur de bonne foi gagne les fruits par lui perçus , et est dispensé d'en rendre compte à l'héritier.

a. Mais une controverse s'élève sur l'étendue de cette innovation du Code. La règle : *fructus augent hereditatem*, est-elle complétement abrogée? Ou ne faut-il voir dans l'art. 138 qu'une dérogation à cette règle qui reprendrait son empire toutes les fois qu'il ne s'agirait plus de régler les rapports de l'héritier et du tiers-possesseur de l'hérédité?

La première opinion s'appuie sur l'esprit de l'art. 138, dont le principe, confirmé par l'art. 549 , montre évidemment que la loi moderne ne distingue plus entre les universalités juridiques et les choses singulières. On reproduit encore les considérations dont Pothier faisait suivre la règle coutumière.

Il nous semble que ces arguments, qui établissent, ce qui est, du reste, incontesté, le droit aux fruits du possesseur de bonne foi , soit d'une hérédité , soit d'une chose singulière, ne démontrent pas, qu'en Droit Français, lorsque le possesseur n'a pas droit aux fruits , il ne faut plus tenir compte pour régler ses obligations vis-à-vis des héritiers, de la règle romaine.

Supposons qu'un héritier possède *pro indiviso* une hérédité et en perçoive tous les fruits. Poursuivi par l'action en partage, il est comptable de ces fruits vis-à-vis de ses cohéritiers. Faudra-t-il appliquer la règle romaine, décider que les fruits ont accru l'hérédité, et, en conséquence, accorder aux cohéritiers le droit d'exiger en biens héréditaires, le prélèvement d'une valeur égale à celle des fruits que l'héritier ne représente pas en nature? Faudra-t-il, au contraire, n'accorder aux héritiers qu'une action personnelle en restitution contre leur cohéritier?

Pour nous, nous pensons que la règle romaine devrait être appliquée dans ce cas; que l'art. 138, en accordant les fruits au possesseur de l'hérédité, n'empêche pas que, s'ils doivent être restitués, on les considère comme *augmenta hereditatis*. L'art. 138 modifie le principe : *omne lucrum auferendum esse tam bonæ fidei possessori quam prædoni*, qui, en Droit Français, cesse d'être applicable aux fruits pour le possesseur de bonne foi, et cette modification doit écarter la règle *fructus augent...*, toutes les fois qu'elle est inconciliable avec elle. Mais lorsque cette règle n'est pas contraire au nouveau principe du Droit, puisque l'art. 138 n'a pas pour objet de l'abroger, elle doit revivre. Dans l'espèce citée, elle aurait pour résultat de faire comprendre dans la masse à partager les fruits des biens héréditaires perçus depuis le jour du décès jusqu'à celui du partage. Il est difficile de contester que cette solution ne soit aussi celle du Code dans l'art. 829. L'héritier possesseur est, en effet, débiteur des fruits qu'il a perçus ou de leur valeur, s'ils n'existent pas en nature, et cet article dispose : que « chaque héritier fait rapport à la

8

masse des sommes dont il est débiteur » , ce qui comprend nécessairement la valeur des fruits. Il en résulte, art. 830, que les héritiers prélèveront sur la masse une portion égale à la valeur des fruits que leur cohéritier ne représente pas en nature.

Ainsi , la maxime *fructus augent hereditatem* est la règle à suivre, toutes les fois que la question ne porte plus sur la restitution elle-même, comme en matière de pétition d'hérédité, mais sur la manière dont cette restitution doit être opérée.

b. Quant à la quotité des fruits que gagne le possesseur, elle est fixée par le temps qu'a duré la possession. C'est comme possesseur et en vertu de sa possession qu'il fait les fruits siens, art. 549 ; d'où cette conséquence qu'il n'a aucun droit sur les fruits perçus en dehors de cette possession , soit antérieurement , soit postérieurement, par d'autres que par lui. Ainsi il est comptable envers l'héritier des fruits capitalisés avant son entrée en possession. Le texte et l'esprit de l'art. 549, justifient cette solution ; le texte, car c'est au *possesseur* que sont accordés les fruits; l'esprit, car ce possesseur n'a droit aux fruits que comme dédommagement des soins de la possession, et parce qu'il serait trop rigoureux de le priver des fruits qu'il a économisés et sur lesquels il devait compter. Aucun de ces motifs n'existe lorsqu'il s'agit de fruits perçus et capitalisés avant la possession. On peut dire que « *augent hereditatem.* »

La jurisprudence a cependant décidé en faveur de l'Administration des domaines et par ce motif : que l'envoi en possession rétroagit au jour de l'ouverture de la succession, que l'État devient propriétaire des fruits accumulés, lorsqu'il a pris possession d'une hérédité dont il n'apparaissait alors aucun héritier, et que depuis il a été forcé de délaisser. La bonne foi de l'administration, l'accomplissement des formalités, l'envoi en possession ne sauraient justifier une solution qui ne peut être basée que sur l'art. 549, dont elle viole cependant le texte et le sens.

A Rome le possesseur de mauvaise foi était constitué dans certains cas débiteur des intérêts des fruits. L. 51. § 1. 5. 3.

Dans l'ancien Droit, le possesseur même de mauvaise foi, n'est comptable des intérêts des fruits qu'à partir de sa mise en demeure : « quelque nombre d'années que la jouissance dont la restitution doit être faite, puisse avoir duré, quand ce serait même contre un possesseur de mauvaise foi, il n'est dû que la simple estimation de cette jouissance, sans aucun intérêt de la valeur des fruits de chaque année. Mais, s'il y a une demande de cet intérêt, il sera dû depuis la demande; car la valeur de ces fruits qui sont un bien effectif, tient lieu de capital. » Domat. Loix civiles. Liv. III. Tit. V. Sect. III. n° XVII. Il en est de même en Droit Français art. 1155-2°.

Le possesseur de bonne foi acquiert les fruits civils, jour par jour, comme l'usufruitier, art. 586. On ne saurait exiger qu'il y ait eu perception de ces fruits, puisque elle n'est pas nécessaire pour les fruits naturels ou industriels Cette opinion est du reste conforme à l'histoire. « Si les revenus d'un fonds possédé par un détenteur de bonne foi, viennent successivement et de jour en jour, comme les loyers d'une maison, le revenu d'un moulin, d'un bac, d'un péage et autres semblables et qu'il soit évincé, il aura ce qui se trouvera échu

jusqu'à la demande et rendra le reste. (Loix civiles.
Domat. Liv. III. Tit. V. Sect. III. nº 8.) Ainsi le possesseur de bonne foi fait siens, les fruits civils échus jusqu'au jour de la demande, sans qu'il soit nécessaire.
que le fait de l'appréhension vienne se joindre à l'é-
chéance.

Des détériorations commises par le possesseur.

Le possesseur de bonne foi pouvait se croire légitime
propriétaire ; aussi n'est-il pas responsable des détériorations survenues par son fait ou par sa faute, à
moins qu'il n'en ait profité, et, dans ce cas, jusqu'à concurrence seulement du profit qu'il en a retiré.

Il ne doit pas non plus à l'héritier des dommages
et intérêts lorsque, par suite d'une force majeure ou
d'un cas fortuit, la restitution est devenue impossible,
art. 1148 C. Nap.

Quant au possesseur de mauvaise foi, il s'oblige, par
le seul fait de son entrée en possession d'une chose sur
laquelle il sait n'avoir aucun droit, à la restituer immédiatement à l'héritier légitime ; cette obligation fait revivre exceptionnellement contre lui, la règle de l'ancien
Droit: « *Dies interpellat pro homine.* » Il est de plein
droit constitué en demeure et comme tel responsable
des cas fortuits — art. 1379 — à moins qu'il ne puisse
prouver que la chose héréditaire fût également périe
chez l'héritier si elle lui eût été livrée — art. 1302-2º.

Ainsi, sa responsabilité s'étend non-seulement aux
détériorations causées par sa faute ou sa négligence et

qu'il doit réparer intégralement, mais encore aux
détériorations survenues par cas fortuit, sauf le cas où
il fera la preuve difficile: que, malgré sa prise de possession, ces cas fortuits n'auraient pu être évités.

Des prestations que doit l'héritier au possesseur.

L'héritier, en reprenant les biens héréditaires, profite des améliorations dues au fait du possesseur; il
n'est pas juste cependant, qu'il s'enrichisse aux dépens
d'autrui, et, lorsque le possesseur a fait des dépenses,
il doit l'indemniser, selon les distinctions suivantes,
dont la base est la loi 206. 50. 17 : *De jure naturæ
æquum est, neminem cum alterius detrimento et injuria,
fieri locupletiorem.*

Il y a trois sortes d'impenses : nécessaires, utiles et
voluptuaires.

Les impenses nécessaires sont celles à qui est due
la conservation des biens héréditaires : *impensæ neces-
sariæ sunt, quæ si non factæ sunt, res peritura, aut de-
terior futura sit.* L. 79. 50. 16.

Elles doivent être restituées au possesseur de bonne
et de mauvaise foi, même si elles ne profitent pas à
l'héritier. Car s'il eût possédé, il les aurait faites nécessairement et le fait de la possession par des tiers,
ne peut le dispenser de les supporter. Le possesseur
de mauvaise foi n'aurait cependant aucun droit de se
faire restituer les impenses, si l'effet qu'elles devaient
produire avait disparu par cas fortuit, lorsqu'il est responsable de ces cas fortuits. Le possesseur de bonne foi

qui gagne les fruits, devrait supporter les dépenses
d'entretien, qui sont une charge des revenus.

Quant aux impenses utiles, qui ont amélioré le
fonds et augmenté sa valeur, l'héritier doit les rembourser au possesseur de mauvaise foi, comme au possesseur de bonne foi, jusqu'a concurrence de la plus-
value qui en est résultée pour l'immeuble et sans que
l'acquisition des fruits par le possesseur de bonne foi,
puisse servir de prétexte à aucune déduction.

Ce principe ne pourrait être appliqué aux constructions nouvelles. Le droit des possesseurs est régi par
l'article 555. L'héritier a le choix, ou d'obliger les
tiers à les enlever à leurs frais, ou de les conserver, en
remboursant la valeur des matériaux et le prix de la
main d'œuvre, sans avoir égard à la plus ou moins
grande augmentation de valeur que le fonds a pu re-
cevoir. Néanmoins, le possesseur de bonne foi, qui
fait les fruits siens, ne peut être contraint à enlever
ces constructions ou plantations. Sa bonne foi lui
donne droit, au choix de l'héritier, au remboursement,
soit de la valeur des matériaux et du prix de la main
d'œuvre, soit d'une somme égale à celle dont le fonds
a augmenté de valeur.

Les impenses voluptuaires, c'est-à-dire, celles qui
n'ont pas augmenté la valeur du fonds, qui n'ont eu
pour but que l'agrément, ne doivent être restituées, ni
au possesseur de bonne foi, ni à celui de mauvaise
foi, sauf le droit qui leur appartient, d'enlever sans
dégrader le fonds, ce qui a fait l'objet de ses impenses.

A Rome, le possesseur ne pouvait obtenir le paiement de ses impenses que par voie de déduction, en

opposant au demandeur l'exception de dol. Dans le
Droit Coutumier, il a une action. — « Le possesseur
même de mauvaise foi, a une action pour réclamer directement les impenses qu'il a faites, par cette raison,
si comme il est injuste de s'enrichir aux dépens d'autrui. Dumoulin pense qu'il faut suivre, dans ce cas,
l'équité, et aucun de ceux qui ont écrit depuis n'est, à
ma connaissance, d'avis contraire.» D'Argentré, Comm.
sur la Cout. de Bretagne, art. 536. Gl. 1. n° 6.

Il avait encore le droit de retenir le fonds héréditaire jusqu'au remboursement de la plus-value des
améliorations ou constructions. C'est ce que décide
Loyseau, dans le cas d'un tiers détenteur condamné à
relâcher un immeuble hypothéqué, au service d'une
rente foncière. *Traité du déguerpissement.* L. 6. ch. 8.
Aussi Pothier, n° 345. *loc. cit.* — L'art. 9, tit. 27 de
l'ordonnance de 1667 accordait formellement ce droit
aux possesseurs : « celui qui aura été condamné de
laisser la possession d'un héritage en lui remboursant
quelques sommes, espèces, impenses ou améliorations,
ne pourra estre contraint de quitter l'héritage, qu'après
avoir esté remboursé ; et, à cet effet, sera tenu de faire
liquider les espèces, impenses, améliorations dans un
seul délai, qui lui sera donné par l'arrest ou jugement,
sinon l'autre partie sera mise en possession des lieux,
en donnant caution de les payer, après qu'elles auront
été liquidées. »

Dans le Droit moderne, ce droit d'insistance ou de
rétention existe-t-il pour le possesseur ?

L'art. 555, qui établit la nécessité pour le demandeur de rembourser, ne dit pas que le remboursement doive précéder la restitution des fonds par le
défendeur.

Cependant certaines dispositions du Code Napoléon supposent le remboursement préalable et accordent au possesseur le droit de rétention pour les impenses et améliorations qu'il a faites.

Ce droit appartient à l'héritier qui fait rapport d'un immeuble, à l'acheteur qui perd la possession par l'effet d'une condition résolutoire, aux fermiers et locataires expulsés par le bailleur, au dépositaire, au détenteur d'un objet volé ou perdu, dans le cas prévu par l'art. 2280. — Art. 867—1673—1749—1948—2280.

Mais, il n'est nulle part formellement reconnu par la loi au profit du possesseur d'une hérédité. On a soutenu, d'un côté, que ce droit ne pouvait être admis que dans les hypothèses où la loi l'accorde au créancier; de l'autre, qu'il existe dans tous les cas où la créance a pour cause des impenses faites sur l'objet réclamé.

L'un et l'autre de ces systèmes sont trop absolus.

Il faut remarquer que dans les hypothèses citées, où la loi accorde le droit de rétention, il existe entre les parties un rapport conventionnel ou quasi-contractuel qui sert de base à la détention ; de telle sorte, que l'une des parties, lorsqu'elle réclame l'exécution de cette convention, doit être obligée à remplir au préalable les obligations qui en dérivent pour elle. Ainsi, dans le système du Code, le droit de rétention existe, lorsque « la détention se rattache à une convention ou tout au moins à un quasi-contrat, et que la dette connexe à la chose détenue, a pris naissance à l'occasion de cette convention ou ce quasi-contrat. »

Il en résulte que ce droit n'appartient ni aux possesseurs de bonne foi ni a ceux de mauvaise foi, pour la répétition de leurs impenses.

Cependant les auteurs sont très divisés sur cette question. Les uns accordent le droit de rétention pour les impenses nécessaires au possesseur de bonne foi ; les autres, même pour les impenses utiles. Certains prétendent qu'il appartient au possesseur de mauvaise foi. La jurisprudence paraît l'admettre en faveur du possesseur de bonne foi pour les dépenses nécessaires et utiles, et tend à le refuser aux tiers-détenteurs de biens dotaux.

Pour nous, nous croyons que le droit de rétention ne peut être étendu que dans le sens indiqué par les hypothèses où la loi l'accorde, et que les possesseurs de biens héréditaires n'étant liés vis-à-vis de l'héritier par aucune convention, pas plus que l'héritier n'est lié envers eux, ne peuvent exiger, qu'avant qu'eux-mêmes aient rempli leur obligation de restituer, il soit tenu de remplir la sienne, qui n'est, en somme, qu'une conséquence de la restitution. Il en serait autrement si l'héritier agissait en vertu d'une convention ; s'appuyant sur elle, il devrait d'abord la respecter, en remplissant toutes les obligations qu'elle aurait produites.

A Rome, le possesseur de mauvaise foi ne pouvait faire déduire sa créance des sommes qu'il devait restituer : *Si aliquid prædoni debeatur, hoc deducere non debebit.* L. 31. § 1. 5. 3. Dans le Droit français, la compensation est admise lorsque le possesseur est débiteur de sommes d'argent et que les créances sont certaines et exigibles. Car, le possesseur de mauvaise foi ne saurait être assimilé au voleur. Art. 1293-1°. Quant

au possesseur de bonne foi, est toujours en vigueur le
principe de la loi 31. § 2. 5. 3 : « *Justus possessor du-
bio procul, debebit deducere quod sibi debetur* »

L'Administration des domaines, mise en possession
d'une succession en déshérence, a droit, lorsque les
héritiers réclament les biens héréditaires, à se faire
payer des frais de régie, car c'est dans l'intérêt des
héritiers qu'elle a administré. Mais il ne faudrait lui
accorder ces frais que lorsque les revenus n'ont pas
excédé les impenses. Quant aux réparations, elle n'en
peut exiger le prix que si elle n'en a pas été indemni-
sée par la perception des fruits (1).

Des actes du possesseur et des droits de l'héritier contre les tiers qui ont traité avec lui.

A Rome, cette matière était dominée par la distinction entre le possesseur de bonne foi et celui de
mauvaise foi. Les actes du possesseur de mauvaise
foi ne pouvaient jamais préjudicier aux intérêts de

(1) 'Afin de couvrir le trésor, non-seulement des remises
allouées aux receveurs, sur les produits, mais encore des frais
de surveillance et de matériel, l'Administration était dans l'usage
de retenir 5 p. 100 sur les sommes payées ou restituées. Ce
prélèvement ayant donné naissance, surtout en matière de successions présumées en déshérence et de séquestres, à de fréquentes
contestations, le Gouvernement, pour y mettre un terme, a
provoqué une disposition législative, qui a été insérée dans la loi
de finances du 5 mai 1855 — art. 56.

l'héritier, quelle que fût, du reste, la situation favorable des tiers qui avaient traité avec lui. Le possesseur de bonne foi, au contraire, ne devait jamais
souffrir de sa possession ; sa responsabilité s'arrêtait
aux profits qu'il en avait retirés ; l'action de l'héritier,
contre les tiers tenant leurs droits de ce possesseur,
était repoussée par une exception « *ex persona venditoris,* » toutes les fois qu'elle eût occasionné contre
lui des recours qui eussent porté ses obligations au-
delà des limites tracées par le sénatus-consulte Juventien, quelle que fût, du reste, la bonne ou la mauvaise
foi des tiers.

Ainsi, le possesseur était seul pris en considération
dans des hypothèses où les intérêts des tiers étaient
débattus. La jurisprudence moderne s'écarte en cette
matière du Droit Romain. Elle considère que, puisqu'il
s'agit, en somme, de savoir si l'héritier pourra ne
tenir aucun compte des actes passés par le possesseur, ce qui intéresse surtout les tiers, il est juste
et équitable de faire dépendre la solution de cette
question de leur bonne ou de leur mauvaise foi.

Il est certain, que l'ordre public, les intérêts de la
société, qui sont de faciliter les transactions en assu-
rant la sécurité des contractants, réclament la protection de la loi pour les tiers de bonne foi, qui ont
traité avec le possesseur de l'hérédité.

Ces considérations ont été assez puissantes pour
amener le législateur à édicter l'art. 1240, et quelques auteurs à admettre la validité de certains actes
du possesseur, bien qu'en général ils regardent ces
actes comme nuls.

Mais, il faut supposer que les tiers ne sont pas indignes de la protection de la loi, qu'ils ont cédé à une erreur invincible, qu'ils étaient dans l'impossibilité de savoir que le possesseur n'était pas héritier.

Aussi, faut-il, avant tout, examiner si le possesseur avait, vis-à-vis des tiers, les apparences d'un héritier.

Les tiers seraient en faute et inexcusables d'avoir traité avec une personne qui ne paraissait même pas héritière.

L'héritier apparent est celui qui est possesseur public de l'hérédité non réclamée. Les doutes sur la validité de ses actes ne peuvent s'élever, que s'ils ont été faits pendant qu'il était en possession paisible et publique de la succession.

Il en résulte, qu'on ne doit pas confondre le possesseur de bonne foi avec l'héritier apparent, car ce dernier peut quelquefois être de mauvaise foi.

On ne saurait décider d'une manière absolue si les actes de l'héritier apparent sont valables ou nuls, car la solution dépend de la nature de ces actes et des circonstances.

Il faut distinguer d'abord, entre les actes de disposition et les actes d'administration, c'est-à-dire entre ceux qu'un héritier aurait eu le droit, non l'obligation de faire, ou volontaires, et ceux qu'impose une bonne administration, ou nécessaires.

Parmi ces derniers, nous examinerons successivement, le paiement fait par un débiteur héréditaire, les baux, les jugements, les transactions.

Paiement fait par un débiteur héréditaire.

Le débiteur était libéré, en Droit Romain, selon que l'héritier ratifiait ou non le paiement; sauf dans ce dernier cas, le recours du débiteur contre le possesseur.

L'art. 1240. C. N. a décidé que le paiement fait de bonne foi à celui qui est en possession de la créance, est valable, encore que le possesseur en soit, par la suite, évincé.

L'héritier apparent est-il en possession de la créance? Bien qu'il ne détienne peut-être pas le titre, il n'en est pas moins possesseur; car, aux yeux de tous, c'est lui qui est héritier, par conséquent, créancier; c'est à lui que les tiers doivent payer sans qu'il puisse refuser le paiement; il peut et doit même les poursuivre, sans qu'ils aient aucun moyen d'échapper à son action. Pour eux, comme pour lui, le paiement est un acte nécessaire, inévitable, qui doit évidemment être valable.

Des Baux.

Les baux sont essentiellement des actes d'administration. Le possesseur est tenu d'administrer, il est équitable de maintenir ce qu'il a fait dans ce but, utile à l'hérédité, car il faut supposer qu'il n'y a pas eu fraude.

Cependant, le possesseur n'est pas propriétaire, et, son droit étant résolu, doit amener la résolution de tous ceux qu'il a concédés, si d'autre part ces droits ne sont pas à l'abri de ce principe, écrit dans les articles 2125. 2182. C. N.

Mais ces articles ne sont pas applicables aux baux. Généralement, le propriétaire sous condition résolutoire, a le droit de consentir des baux, pourvu qu'il n'y ait pas fraude. Il est inutile de supposer qu'il avait reçu mandat d'administrer de celui qui l'évince; car l'administration n'est pas un droit, mais une obligation du possesseur.

Notre ancien Droit n'admettait pas la validité des baux consentis par l'héritier apparent; il n'en faudrait pas conclure qu'il en est de même aujourd'hui; le Code a modifié cette matière; dans l'ancien Droit, le nu-propriétaire et l'acquéreur à titre particulier n'étaient même pas tenus de respecter les baux consentis par l'usufruitier et le véritable propriétaire. Des considérations d'équité ont amené le Droit moderne à une décision plus favorable aux tiers.

Des jugements rendus pour ou contre l'héritier apparent.

Ce sort là des actes nécessaires, que l'héritier apparent fût défendeur ou demandeur. Il n'y a pas de disposition spéciale, qui déclare les jugements rendus, pour ou contre le possesseur, insusceptibles d'être attaqués par la voie de la tierce-opposition, par l'héritier réel. Cependant, il faut leur étendre la disposition de l'art.

1240. Cet article n'est pas restrictif, et les mêmes motifs de l'appliquer existent dans ce cas et dans celui du paiement fait par un débiteur héréditaire, c'est-à-dire, l'impossibilité pour le possesseur d'échapper à l'action des tiers qui le poursuivent comme héritier, et l'impossibilité pour les tiers de résister à sa poursuite.

Du reste, il doit en être ainsi, puisque la prescription court activement ou passivement, lors même que les biens qui font l'objet du droit sont possédés par un autre que le véritable propriétaire. Il faut qu'elle puisse être interrompue, non-seulement par l'héritier contre qui prescrivent les tiers, mais aussi par les tiers contre qui prescrit l'héritier. Cette interruption doit être opposable au véritable héritier, comme aussi, elle doit lui profiter.

Des transactions.

Les transactions ne sont pas des actes nécessaires, en ce sens, que l'héritier apparent n'était pas obligé de les subir, et qu'il aurait pu, au lieu de transiger, attendre la décision des tribunaux. On peut dire, cependant, que ces actes ne sont pas volontaires, car ils sont souvent imposés par la raison, que l'héritier apparent est quelquefois obligé, comme bon administrateur, de supporter une perte partielle pour éviter de perdre le tout. Au reste, puisqu'on excepte le cas de fraude, on remarquera que les transactions seront presque toujours dans l'intérêt de l'héritier, et que l'équité veut qu'elles lui soient opposables.

Il est vrai que l'art. 2053 déclare susceptible de

rescision, une transaction, lorsqu'il y a eu erreur sur la personne. Mais l'appréciation de l'erreur et des circonstances est laissée aux tribunaux ; la question n'est pas résolue en principe.

D'un autre côté, l'art. 2052 déclare que les transactions ont, entre les parties, l'autorité de la chose jugée en dernier ressort. Or, la chose jugée contre l'héritier apparent ou en sa faveur, est opposable à l'héritier ; donc, la transaction qui présente l'autorité de la chose jugée est opposable à l'héritier réel. Telle est, du reste, l'opinion de la majorité des auteurs.

Des actes de disposition.

Les actes de disposition, faits par l'héritier apparent, ne sont plus, comme les actes d'administration, des actes volontaires, inévitables ; la circonstance qui donne tant de force aux considérations, sur lesquelles s'appuie la validité de ces derniers, manque dès qu'il s'agit d'actes volontaires de la part des deux parties.

Mais des motifs d'équité, d'intérêt général, de faveur pour la libre circulation des biens, sont, aux yeux de certains auteurs, suffisants pour faire décider que les actes de disposition doivent, en général, être validés. De là, une très-vive controverse.

On ne saurait examiner cette question et la décider d'une manière absolue ; car, si on peut douter que l'héritier réel ait le droit d'évincer les tiers-acquéreurs à titre onéreux, le doute n'existe plus, dès qu'il s'agit d'aliénations à titre gratuit ; de même, selon l'objet de la disposition, meuble ou immeuble. La revendication des meubles n'existe pas ; en général, la possession sauvegarde le débiteur.

Nous distinguerons donc, entre les aliénations à titre onéreux et les aliénations à titre gratuit ; entre les aliénations d'immeubles et les aliénations de meubles, et nous sous-distinguerons, relativement à ces dernières, entre les meubles corporels et les meubles incorporels.

Aliénations à titre onéreux.

1° Lorsqu'un possesseur de l'hérédité a vendu un immeuble faisant partie de la succession et que, actionné par la pétition d'hérédité, il ne peut restituer, par suite de son insolvabilité, le prix qu'il a dissipé, sur qui doit retomber la perte de ce prix ?

Sur l'acquéreur, qui, soumis à la revendication, n'aurait plus qu'un recours en garantie contre un vendeur insolvable ? Ou sur l'héritier réel, qui, devant respecter l'aliénation faite par le possesseur de l'hérédité, ne pourrait plus que répéter sans succès, contre lui, le prix de la vente ? En d'autres termes, le possesseur pouvait-il valablement aliéner ?

Telle est la question : en examinant les solutions proposées, on remarque d'abord, que les considérations d'équité, d'intérêt social, jouent un grand rôle dans la discussion ; que certains auteurs, convaincus que les exigences de la pratique réclamaient une solution favorable aux tiers-acquéreurs, qu'il était indispensa-

9.

ble de la trouver dans la loi, se sont plus préoccupés de concilier quand même leur système avec elle, que de rechercher dans l'étude des principes, la décision qui en résultait, imposée par la logique. Persuadés, que leur décision était juste et utile, ils ont pensé que, si la loi ne la sanctionnait pas, le juge devait s'élever jusqu'à devenir législateur.

Aussi, trouve-t-on dans cette discussion, des distinctions arbitraires, qui devaient nécessairement se produire, dès que la solution était cherchée en-dehors de la loi.

Nous examinerons successivement les divers systèmes qu'a fait naître cette question, essayant, autant que possible, de reproduire avec clarté leurs arguments, recherchant ce que dit la loi, pour constater ses principes et les appliquer à la difficulté, et nous rattachant au système qui considère les ventes consenties par l'héritier apparent comme nulles, système « le plus net, le plus vrai théoriquement, le plus juridique, inexpugnable même, de l'aveu de l'un de ses adversaires. — Demolombe, t. 2, n° 245.

Quatre systèmes sont en présence : le premier, soutient la nullité, dans tous les cas, des aliénations consenties par l'héritier apparent.

Le deuxième, admet leur nullité en principe, sauf l'exception, lorsque l'héritier apparent était de bonne foi ainsi que l'acheteur, et que le recours en garantie de ce dernier, aurait pour résultat de faire supporter à l'héritier apparent une condamnation plus forte que s'il eût été actionné par la pétition d'hérédité.

Le troisième exige, pour la validité des aliénations, la bonne foi simultanée du vendeur et de l'acquéreur.

Le quatrième enfin, valide toutes les aliénations, par cela seul que l'acquéreur était de bonne foi et malgré la mauvaise foi du vendeur.

Tous ces systèmes ont invoqué le Droit Romain et l'ancienne jurisprudence. Il est impossible de reproduire ici la discussion de Merlin et de Toullier, sur l'interprétation des lois 13. § 4. et 25. § 17. — 5. 3. D.

A Rome, les aliénations étaient nulles, sauf le cas prévu par le deuxième système.

L'ancienne jurisprudence était divisée sur la question ; chaque système a pu y puiser des arguments. Cependant, la dérogation aux lois romaines, relative à la restitution des sommes perçues par le possesseur, ne permettait plus à l'acquéreur d'opposer l'exception *ex personà venditoris,* » lorsque le possesseur avait été de bonne foi. « *Si quis putans hereditatem ad se pertinere, eam adierit bona fide, et corpora quædam hereditaria vendiderit, quæ emptor postea per decem forte annos inter præsentes, aut viginti inter absentes, bona etiam fide possiderit, tunc, ut res amplius conferri emptori non potest quippe usucapta, ita nec heres iste qui vendidit restituere petitori hereditatis nihil aliud quam pretium rei venditæ cogendum est, quod et judicat de more ordo amplissimus.* » Mornac. Obs. sur la loi 25. al. 17. 5. 3. D.

Les coutumes de Poitou et de Bretagne annulaient formellement les aliénations consenties par l'héritier apparent.

Dans les pays de Droit écrit, où le S. C. Juventien n'avait pas été admis, on décidait cependant, contrairement aux règles générales du Droit Romain, qui n'auraient dû être modifiées que sous l'influence de ce S. C., que les ventes consenties par l'héritier apparent étaient valables. Merlin cite quatre arrêts en ce sens du Parlement de Toulouse, 18 mars 1773; 2 septembre 1779; 7 septembre 1780; 9 avril 1788.

Dans les pays de Coutume, quelques arrêts maintinrent la validité des ventes faites par l'héritier apparent: Arrêt du parlement de Rouen, 17 juin 1739; du parlement de Paris, 21 mars 1738. A ces arrêts on peut opposer l'autorité de Lebrun : *Traité des Successions*, Livre III. Ch. IV. N° 57. « Enfin l'on peut soutenir qu'un héritier bénéficiaire est exclu par un héritier pur et simple, en quelque façon comme un héritier plus éloigné qui se serait mis en possession et qui serait exclu depuis par le plus proche héritier. Or, il est certain que cet héritier plus éloigné n'aurait pas pu aliéner pendant sa puissance au préjudice du plus proche héritier.

Ainsi, l'ancienne jurisprudence était, sur cette matière, indécise, et elle ne doit être invoquée par aucune des opinions qui se sont produites sous l'empire du Code. En présence de cette incertitude, et le Code n'ayant aucune disposition formelle, il faut décider la question suivant les principes généraux.

A. C'est ce que fait le premier système que nous avons énoncé. On observe d'abord que la question doit être ainsi posée: l'héritier réel étant seul propriétaire de la succession, le Code donne-t-il à l'héritier apparent qui n'est que simple possesseur, souvent de mauvaise foi, le pouvoir de démembrer ce droit de propriété, de le transmettre même à des tiers, malgré le propriétaire?

a. Le droit de propriété est sacré et inviolable. L'art. 2182 est une conséquence de ce principe et l'art.

1599, sa sanction. En matière de vente, le vendeur ne transmet à l'acquéreur que la propriété et les droits qu'il avait lui-même sur la chose vendue. La vente de la chose d'autrui est nulle. Qu'on fasse à l'hypothèse prévue l'application de ces principes incontestables.

L'héritier réel est propriétaire, nul ne peut violer son droit.

L'héritier apparent, simple possesseur, ne peut transmettre que ses droits à l'acquéreur, droits résolubles par l'action de l'héritier réel.

La chose vendue appartenait à autrui, donc la vente est nulle.

Les partisans des systèmes opposés reconnaissent qu'un semblable raisonnement fait tomber nécessairement la cession du droit héréditaire lui-même et malgré la similitude parfaite, bien que le cessionnaire de l'hérédité ne soit qu'un acquéreur à titre singulier, comme l'acquéreur d'un objet particulier, ils refusent de l'appliquer aux aliénations d'objets.

« Attendu en Droit, dit un arrêt de la cour de cassation du 26 août 1833, Dalloz 33. 1. 307. que si la possession publique, notoire et non contestée de la succession d'un défunt dans la personne de son héritier apparent, produit une exception de bonne foi suffisante pour protéger les actes faits entre lui et des tiers, la même faveur ne peut être étendue à la vente du titre même d'héritier et des droits qui en dérivent, puisque, suivant l'art. 1696, une telle vente suppose nécessairement la réalité du titre d'héritier sur la tête du vendeur qui est obligé de la garantir. »

Il nous semble qu'il est difficile de baser sur cette distinction une jurisprudence contraire aux principes

essentiels du droit de propriété. Au reste, les termes
mêmes de l'arrêt indiquent que l'on est loin ici de l'interprétation serrée des principes. Cette exception, suffisante dans un cas, insuffisante dans l'autre, est une
faveur. Il ne s'agit point ici de savoir si cette faveur
est méritée, mais de rechercher si elle a une base juridique? L'héritier apparent et les tiers ne peuvent
être placés dans une situation si favorable que par une
disposition spéciale, une exception formelle. Or, on
ne la trouve nulle part écrite dans la loi. Si elle
existait, elle profiterait aux tiers acquéreurs d'objets
particuliers, comme au cessionnaire du droit héréditaire.

b. Pour contrebalancer l'effet des principes que nous
avons exposés, on a prétendu qu'il résultait de dispositions éparses dans le Code (art. 132. 790. 1240.
1300. 1935. 2008. 2009), et du rapprochement de
ces dispositions, qu'il existait un principe qui, pour
n'être pas formulé dans le Code, n'en était pas moins
certain, savoir: que l'erreur invincible des tiers empêchait toute éviction de la part de celui qui, par son
fait ou son inaction, avait contribué à cette erreur. Ce
principe aurait sa base dans l'art. 1383, d'après lequel, chacun est responsable du dommage qu'il a
causé, non-seulement par son fait, mais encore par sa
négligence ou son imprudence.

La première conséquence de ce principe serait l'application de l'art. 1383, toutes les fois que par sa négligence un propriétaire aurait tardé à faire connaître
sa qualité aux tiers de bonne foi, la prescription deviendrait inutile. Aussi, le mode d'application de cet
article devrait être régi selon les exemples cités art.
132. 1240, etc.

Il faut donc rechercher si ces articles ont, en effet, pour base un principe général dont ils dérivent, ou bien s'ils ne sont que des exceptions nécessitées par les hypothèses particulières prévues.

L'art. 132 permet aux envoyés en possesion définitive des biens d'un absent, d'en disposer valablement. A son retour, l'absent ne peut reprendre que les biens tels qu'ils se trouvent ; il est obligé de respecter les aliénations. Or, l'absent est certainement plus digne d'intérêt lorsqu'il revendique son propre patrimoine, que celui qui vient réclamer une hérédité à laquelle il ne s'est pas présenté. Par conséquent et à *fortiori*, doit-on décider que ce dernier ne pourra, pas plus que l'absent, faire révoquer les aliénations consenties par les héritiers qui ont pris sa place lorsqu'il ne se présentait pas ; d'autant plus, qu'au cas d'absence, les tiers sont avertis que le droit des envoyés en possession définitive n'est pas irrévocable, tandis qu'ils n'ont aucun moyen de contrôler le droit du vendeur, dans le cas prévu par l'art. 136.

Il faut remarquer d'abord, que cette argumentation ne peut être soutenue que si l'héritier apparent est un successible, et qu'elle laisse en dehors toutes les autres hypothèses, où l'hérédité est possédée par des personnes qui, sans être successibles, n'en ont pas moins, aux yeux des tiers, les apparences d'un héritier, à tel point, que l'erreur des tiers doit être invincible. Donc, elle ne confirme pas le prétendu principe que nous avons exposé plus haut.

En second lieu, l'exception de l'art. 132 ne peut être étendue que si les mêmes considérations qui la légitiment, existent. Il y a déjà trente-cinq ans écoulés depuis

l'absence du propriétaire, ou cent ans depuis sa naissance: selon toutes les probabilités, il est mort; assez
de temps s'est écoulé pour que le premier venu eût pu
prescrire; il était juste et utile qu'une dérogation au
droit commun, en faisant cesser l'incertitude de la propriété, permît à l'envoyé en possession définitive, d'a-
gir comme s'il était propriétaire.

Les mêmes considérations n'imposent pas une solution identique, lorsque le véritable héritier n'est pas
absent; l'incertitude sur la propriété existe depuis quel
que temps à peine. Si l'héritier ne s'est pas présenté,
c'est peut-être parce qu'il ignorait l'ouverture de la
succession à son profit; dans tous les cas, tout fait
présumer qu'il reviendra; il n'est ni utile, ni juste,
que l'héritier appelé à son défaut puisse aliéner.

Ainsi l'art. 132 contient une exception, nécessitée par
des circonstances particulières, exception qui ne peut
être étendue, surtout à des espèces entièrement différentes, et dont on ne peut déduire un principe général.

Il en est de même, — art. 790. L'héritier est tenu de
respecter les actes valablement faits par les tiers avec
le curateur d'une succession vacante qu'il réclame. Rien
de plus légitime, car le curateur est le mandataire lé-
gal de l'héritier au nom et pour le compte de qui il
administre, à qui il doit rendre ses comptes — art. 811,
812, 813. — L'héritier apparent n'est certes pas le
mandataire de l'héritier réel. Ce n'est pas pour lui,
mais contre lui qu'il possède. On ne peut assimiler les
deux espèces.

L'art. 1240 ne peut être invoqué; ainsi que nous
l'avons déjà dit, le paiement est un acte inévitable;
l'aliénation est volontaire; les tiers étaient obligés de

payer; rien, au contraire, ne les forçait à acheter. Cette considération est le motif de cet article, qui n'a nullement pour objet de punir l'héritier de sa négligence et n'est pas une conséquence de l'art. 1383.

L'art. 1380 renferme une dérogation au droit du propriétaire, qui se comprend d'autant mieux que l'immeuble est possédé par un tiers, non à cause de sa négligence ou de l'inaction du propriétaire; mais parce que le possesseur a été mis en possession par le propriétaire lui-même, circonstance qui ne se retrouvera jamais dans la possession d'un héritier apparent. Du reste, il faut que celui qui a reçu le paiement soit de bonne foi et les tiers, quoique ayant contracté avec lui par suite d'une erreur invincible, subiraient l'action du propriétaire, si le possesseur avait été de mauvaise foi.

Les articles 2005, 2008 et 2009, déclarent valables à l'égard des tiers les actes faits par le mandataire lorsque la révocation du mandat n'a été signifiée qu'au seul mandataire, et lorsque le mandataire a agi dans l'ignorance des causes qui avaient fait cesser le mandat. Ces articles, il est vrai, sont édictés surtout dans l'intérêt des tiers; mais ils ne sont qu'une exception justifiée, parce qu'il y avait un acte du mandant, en qui les tiers devaient avoir une confiance absolue, ignorant sa révocation. Il n'y a pas la moindre analogie entre les hypothèses que prévoient ces articles et la possession de l'hérédité par un autre que l'héritier.

L'examen de ces divers articles nous semble avoir démontré qu'ils ne se rattachaient pas à un principe, mais à des circonstances; qu'ils étaient des exceptions à la règle: « *Nemo plus juris in alium transferre potest quam ipse habet,* » reproduite par l'art. 2182-2°. Par suite, qu'ils n'étaient pas les applications d'une règle générale, dont l'influence dût faire fléchir les principes incontestés et nécessaires qui sauvegardent la propriété.

c. On a soutenu encore que les art. 1599 et 2182, sur lesquels s'appuie notre système, étaient ici en dehors de leur sphère d'application, qu'ils avaient un but tout spécial, que l'art. 1599 avait bien moins pour objet de déterminer les droits du propriétaire contre le posses-seur, que de régler les rapports du vendeur et de l'acheteur et d'abroger la loi 28. *De contrat. empt.* 18. 1. D., qui déclarait la vente de la chose d'autrui obli-gatoire entre les parties contractantes elles-mêmes; que le second alinéa de l'art 1382, n'avait été ajouté, lors de la discussion au conseil d'Etat, que pour mieux faire ressortir l'abrogation du système de la loi du 11 bru-maire an VII, sur la nécessité de la transcription (1).

L'exactitude de ces observations n'affaiblit pas l'ar-gument qui résulte de ces articles; car, s'il est une proposition incontestable et qui puisse exister sans un texte qui la consacre, c'est que nul ne peut transmettre la propriété d'une chose qui ne lui appartient pas, et nous avons prouvé que nous ne nous trouvions pas dans un de ces cas spéciaux où cela est permis.

(1) Aubry et Rau sur Zachariæ, § 616. Note 31, § 207. — L'article 2182 a, en effet, spécialement pour but de faire ressortir cette idée, que la transcription ne peut transférer la propriété à celui qui ne tient ses droits que d'une personne qui n'était pas propriétaire. Il en résulte, que le législateur n'a pas voulu poser dans cet article un principe général. Cependant, si l'on recherche la base juridique de cette disposition, il faut reconnaître qu'elle suppose nécessairement l'existence de ce principe, dont elle n'est qu'une conséquence.

d. Dira-t-on que l'héritier apparent est propriétaire, qu'il administre pour lui-même et dans son intérêt personnel, que s'il vend un meuble ou un immeuble de la succession, il est réputé disposer non de la chose appartenant à un autre, mais de sa propre chose? —Cassation, 16 janvier 1843.

Les conséquences seules de cet argument suffisent à le réfuter ; ses partisans même reculent devant elles, car ils n'admettent la validité ni de la cession d'une créance, ni de la cession du droit héréditaire.

e. Ainsi, le premier système répond à toutes les objections ; restent les considérations que lui opposent ses adversaires. Est-il vrai que sa solution place des tiers sous le coup d'une éviction qu'ils n'ont pas méritée et qu'elle soit une entrave à la libre circulation des biens ?

On dit que les tiers, à l'ouverture d'une succession recueillie par le plus proche parent connu, étaient dans l'impossibilité de savoir s'il n'y avait pas d'héritiers préférables ; qu'ils ont par conséquent agi sous le coup d'une erreur invincible, sans qu'il y ait à leur reprocher une faute ou même une imprudence.

C'est là une question de fait qui ne peut être introduite dans un débat théorique ; car on ne sait pas jusqu'à quel point leur erreur était invincible ; on suppose qu'ils ne pouvaient pas ne pas se tromper ; ce sera là un cas très rare ; généralement, il leur sera facile de connaître la vérité. Du reste, il ne faut pas perdre de vue qu'il s'agit de savoir qui supportera une perte ; que l'héritier est peut-être aussi resté dans l'inaction par suite de l'ignorance de l'ouverture de la succession ; qu'on ne peut pas plus lui reprocher son inaction qu'on ne peut reprocher aux tiers d'avoir agi ; que les situations sont les mêmes, avec cette différence, en faveur de l'héritier, qu'il ne pouvait empêcher l'aliénation, tandis que les tiers n'avaient qu'à ne pas acheter, et qu'au point de vue de l'équité, il serait presque toujours plus juste de faire supporter la perte aux tiers qu'à l'héritier.

Est-il vrai que l'intérêt général réclame impérieusement, que les aliénations consenties par l'héritier apparent, soient validées? que le système de la nullité, en laissant la propriété en suspens, en faisant craindre aux tiers une éviction, en empêchant les transactions, nuise à l'intérêt public, pour favoriser un intérêt particulier? La loi elle-même répond à ces considérations. Elle sauvegarde l'intérêt général, en permettant aux tiers de prescrire ; ainsi le droit du propriétaire ne menace pas toujours l'acheteur; mais on ne peut dépouiller instantanément le propriétaire de son droit, sous prétexte de faciliter la libre circulation des biens. Avant de déclarer une personne déchue de son droit, il faut supposer qu'un long délai s'est écoulé, pendant lequel ce droit a été exercé par un autre. « La loi a fait tout ce que la justice peut faire en faveur de la bonne foi, en couvrant l'acquéreur de l'égide de la prescription », dit Toullier. Se montrer plus soucieux de l'intérêt public que la loi elle-même, ce n'est plus discuter une question en Droit, c'est faire la loi.

B. Le second système admet en principe la nullité des aliénations consenties par l'héritier apparent; mais il accorde à l'acquéreur une exception pour repousser l'action de l'héritier, dans le cas prévu par Ulpien dans la loi 25, § 17. — 5. 3. Cette exception n'est que l'ap-

plication de cette règle du sénatus-consulte Juventien,
que le possesseur de bonne foi ne peut être tenu que
« *quatenus locupletior factus est.* » — S'il a vendu un
immeuble héréditaire, et que l'héritier agisse contre
l'acquéreur, le possesseur serait soumis à un recours
en garantie, dont le résultat serait la violation de la
règle : *quatenus locupletior*, s'il a dissipé le prix de
vente. Pour éviter cette violation, il faut supprimer le
recours de l'acquéreur, et, par suite, l'action de l'héritier. — L'acquéreur poursuivi repoussera l'action de
l'héritier, en lui opposant qu'elle amènerait un résultat contraire aux termes du Sénatus-Consulte, à cause
de la situation particulière que sa bonne foi fait au
possesseur.

Sans parler des doutes nombreux qui s'élèvent sur
la véritable interprétation de la loi 25. § 17, sans contester l'existence de ce système en Droit Romain, on
doit le rejeter en Droit Français. — Il est douteux qu'il
ait existé dans l'ancien Droit. Il est basé tout entier sur
la règle *quatenus locupletior*, dont l'ancienne jurisprudence avait singulièrement restreint l'application. Les
arrêts cités par Merlin paraissent basés sur une fausse
interprétation du Droit Romain.

Dans le Droit actuel, l'exception «*ex persona venditoris,* » qui à Rome appartenait à l'acquéreur, ne peut
plus être opposée, puisque le vendeur lui-même serait
soumis à l'action, par cela seul qu'il aurait touché le
prix dont il est toujours présumé avoir profité. Mais
on se demande si le recours en garantie de l'acquéreur pourrait avoir pour conséquence de soumettre le
possesseur de bonne foi à payer les dommages et intérêts, ou si ces dommages doivent être supportés par
l'héritier réel.

En somme, la question n'est autre que celle-ci :
l'héritier apparent peut-il être admis à prouver que
les bénéfices, résultant de sa possession, ne s'élèvent
pas au chiffre des dommages et intérêts demandés?
Nous pensons qu'il doit être présumé plus riche ; d'a-
bord parce que la loi défend, pour les sommes héréditaires par lui perçues, le calcul qu'il veut faire ;
ensuite, parce qu'il a perçu les fruits et qu'il serait
impossible de contrôler les comptes qu'il pourrait présenter.

C. Le troisième système valide les aliénations consenties par l'héritier apparent, à la condition de la
bonne foi simultanée du vendeur et de l'acquéreur.

Cette opinion paraît au premier abord équitable,
mais elle est arbitraire. On ne comprend pas, en effet,
pourquoi la bonne ou la mauvaise foi du vendeur
pourrait exercer quelque influence sur la décision
d'une question où ne se débattent que les droits et intérêts des acheteurs.

D. Nous avons pour ainsi dire exposé le quatrième
système, en présentant les objections qui étaient faites
au premier. Il admet la validité des aliénations, par
cela seul que l'acquéreur était de bonne foi. Il s'appuie
sur un principe que l'on prétend trouver dans le Code
et dont nous avons démontré l'inexistence, en examinant chacun des articles invoqués; sur la spécialité des
articles 1599 et 2182; sur la combinaison des articles
132 et 136 ; nous avons déjà répondu à tous ces arguments, qui se présentaient comme objections ; reste
une théorie, qui, laissant de côté toutes les raisons
invoquées avant elle, reconnaissant la vérité juridique
des motifs sur lesquels s'appuie le système de la nul-

lité, maintient les aliénations, parce que l'héritier apparent avait mandat et pouvoir suffisant pour vendre.

A vrai dire, il s'agit d'établir une fiction, et d'étendre à tous les actes de l'héritier apparent l'esprit des dispositions des art. 783, 132, 1380, qui peuvent, en effet, être basées sur une idée de mandat. Ainsi, on considère que, si la vente de la chose d'autrui est nulle, il y a une exception pour le cas où elle a été consentie par un individu légalement muni de pouvoirs et que nous sommes dans cette exception.

On fait remarquer qu'en fait, si le possesseur de bonne foi agit en son nom, s'il croit aliéner sa propre chose, il aliène cependant celle d'autrui, sans que ce fait lui soit imputable, puisqu'il n'y a aucune faute à lui reprocher; qu'en réalité tout se passe comme si le propriétaire avait agi par l'intermédiaire du possesseur; que si ce dernier est dépossédé, il n'est plus censé avoir agi pour lui, mais pour le maître; qu'il est obligé de restituer tous les profits, bien qu'il n'ait agi que pour lui-même.

Il est cependant difficile d'accepter cette théorie, de considérer comme mandataire celui qui agit pour son compte, qui prescrit contre son mandant, qui possède enfin non pour l'héritier réel, mais contre lui. Elle est une création et non une constatation de la pensée du législateur. Aussi, ne pensons-nous pas que son auteur ait donné au système de la validité, une base dans la loi positive, ainsi qu'il se le proposait.

Ce que nous venons de dire des aliénations s'applique aussi aux hypothèques. Mais, il faut excepter les aliénations forcées, que le possesseur a subies, sans pouvoir les éviter.

2º. Quant aux aliénations de meubles, si l'héritier apparent a vendu des meubles corporels, on applique l'art. 2279 : En fait de meubles, possession vaut titre. L'acquéreur de bonne foi devient instantanément propriétaire.

Pour les meubles incorporels, une difficulté s'élève. Les acquéreurs de meubles incorporels sont-ils couverts par l'art. 2279 ? De très-graves motifs sont invoqués pour l'affirmative. L'art. 2279 est général ; il n'y a pas de distinction entre les meubles corporels et incorporels ; cette assimilation est nécessaire ; sans elle, le cessionnaire de bonne foi, qui a reçu la créance d'un non-propriétaire, serait moins favorablement traité que l'acquéreur d'immeubles, puisque ces derniers acquièrent par dix ou vingt ans, tandis qu'il ne serait à l'abri de l'action du véritable propriétaire, qu'au bout de trente ans. Il est vrai que la propriété des meubles se transmet sans formalités, tandis que le transport des créances est soumis à des formes spéciales; mais cette différence ne prouve rien dans la question, si l'on suppose que l'acquéreur s'est conformé aux dispositions des art 1690. 1691.

Cependant, il faut reconnaître que l'art. 2279 n'est pas applicable à l'acquisition de meubles incorporels ; par suite, décider pour la cession de meubles incorporels, de même que pour les immeubles.

Toutes les dispositions du Code relatives à l'acquisition de meubles aliénés, *a non domino*, se rapportent aux meubles corporels, art. 2279-2º 2280. 1141. C'est, du reste, sur la possession qu'est fondé l'art. 2279-1º, sur cette possession qui conduit à la prescription, et dont les meubles corporels seuls sont susceptibles.

Aussi, décide-t-on généralement que l'héritier apparent ne peut valablement céder les meubles incorporels.

Aliénations à titre gratuit.

Les aliénations à titre gratuit, consenties par l'héritier apparent, ne peuvent jamais être opposées à l'héritier réel. Elles sont incontestablement nulles. L'héritier réel peut exercer la revendication, tant qu'elle n'a pas été prescrite par la possession pendant dix ou vingt ans, si les donataires étaient de bonne foi, ou pendant trente ans, s'ils étaient de mauvaise foi.

Compétence. — Effets de la litispendance.

A. La pétition d'hérédité n'est pas, en Droit Français, comme à Rome, de la compétence d'un tribunal spécial. Elle est soumise aux tribunaux ordinaires, quelles que soient les parties en instance, l'État lui-même, fût-il défendeur ou demandeur.

À quel tribunal appartient la connaissance de la pétition d'une hérédité ?

a. L'action peut être exercée contre un héritier par un héritier, pour partie de la succession. Le cas est prévu par l'article 59 du Code de Procédure civile, qui dispose, qu'en matière de succession, sur les demandes entre héritiers, le défendeur devra être assigné devant le tribunal du lieu où la succession s'est ouverte.

b. Mais cette disposition ne saurait être étendue, sans difficulté et sans discussion, au cas où le procès s'engage, non plus entre héritiers, admettant, du moins en partie, leurs qualités respectives, mais entre personnes refusant mutuellement de se reconnaître pour héritiers. Il faut appliquer ici les principes énoncés dans les premiers alinéas de l'article 59; la solution dépendra de la décision de cette question : la pétition d'hérédité est-elle une matière personnelle, réelle ou mixte ?

Quant à l'action elle-même, elle est réelle. Les observations préliminaires de la cour de cassation, sur le projet de Code de Procédure civile, contredisent cependant cette opinion. Sect. II. art. 18 et 19.

« Il est des actions auxquelles on donne plus particulièrement qu'à toutes autres, le nom d'action mixte, c'est-à-dire à la fois réelle et personnelle, parce que, outre la revendication d'une chose, elles embrassent presque toujours des prestations. — Les actions mixtes sont : la pétition d'hérédité.....»

Ces observations paraissent contraires au sens qu'il faut attacher au mot mixte dans l'art. 59. Les prestations personnelles ne changent pas la nature de l'action. La personnalité des conclusions accessoires, ne peut pas altérer le caractère réel des conclusions principales.

Sans cela, il n'y aurait dans notre Droit aucune action réelle, car toujours des conclusions secondaires, supposant une obligation, se trouvent jointes aux actions en revendication. Une action basée sur un droit.

réel n'est pas mixte, par cela seul que la demande principale peut être accompagnée d'une demande accessoire en restitution de fruits ou en paiement de dommages-intérêts; car, alors, l'action cesserait d'être réelle si cette demande accidentelle n'était pas formée.

Ainsi, la pétition d'hérédité est une action réelle; mais peut-on dire cependant que la matière est mixte, dans le sens de l'art. 59?

Nous pensons, au contraire, que la matière sera réelle. Elle n'est mixte qu'autant que le juge a à statuer sur une contestation, où un droit réel et un droit personnel sont liés de telle sorte, que la décision sur le droit personnel emporte une décision identique sur le droit réel. Or, dans la pétition d'hérédité, le but immédiat, principal, est la déclaration de l'existence du droit réel au profit de l'une des parties. Cette déclaration peut quelquefois entraîner la constatation d'un droit personnel, mais ce n'est qu'indirectement et accessoirement.

La matière est donc réelle, et le juge compétent sera celui de la situation de l'objet litigieux. Mais l'hérédité ne peut avoir qu'une situation juridique; car, il ne faut pas entendre par objet litigieux les immeubles compris dans la demande, puisqu'il s'agit principalement de la revendication du titre d'héritier. Cette situation juridique ne peut être fixée qu'au lieu de l'ouverture de la succession. Le tribunal compétent sera donc celui du domicile du défunt, art. 110. C. N., c'est-à-dire le même qui eût été appelé à statuer entre héritiers, en matière de succession.

De ce que c'est le droit héréditaire lui-même, l'uni-

versalité juridique, qui sont en litige, il résulte qu'on
ne peut déterminer si le jugement est en premier ou
en dernier ressort, d'après la valeur des objets ou des
droits réclamés; qu'il n'y a pas lieu, par conséquent,
de rechercher si la succession est mobilière ou immo-
bilière, ni d'apprécier la valeur de la succession, car
la matière est indéfinie, susceptible d'augmentations
ou d'amoindrissements inappréciables d'une manière
absolue.

B. Lorsque le procès est engagé, les tiers ne doivent pas souffrir de l'incertitude sur le droit héréditaire. Ils peuvent exercer leurs actions.

Celles qui ont pour objet un corps certain possédé
par le défendeur et dont le tiers se prétend propriétaire, ne peuvent être repoussées par le défendeur; si
la demande avait été formée contre l'héritier demandeur, « il serait bien fondé à prétendre que le tiers
serait tenu de se pourvoir contre le possesseur chez
qui la chose est; car un débiteur de corps certain n'est
pas tenu de le rendre, lorsque, sans son fait ni sa
faute, un tiers lui en a enlevé la possession ». Pothier,
nº 392.

Les créanciers de sommes d'argent peuvent agir
contre le possesseur ou l'héritier demandeur qui, prétendant avoir tous deux la qualité d'héritiers, sont,
par cela même, tenus de payer les dettes de la succession, sauf le recours de celui qui aura payé contre
l'autre partie si elle triomphe dans la pétition. Tel
était le droit de Justinien. Nous croyons avec Pothier,
nº 393, que l'héritier demandeur actionné par un
créancier héréditaire, pourrait appeler en cause le
possesseur et conclure à ce qu'il soit tenu d'acquitter la

créance dès que le créancier l'aura établie ; sauf à se faire allouer en dépense le paiement qu'il aura fait, si l'héritier demandeur l'évince de la succession.

L'action des légataires pendant la pétition d'hérédité, est suspendue, lorsque le procès a lieu entre un héritier et un successeur en vertu du testament qui les institue, puisque leur droit dépend de la solution du procès. Mais lorsque le testament est hors de cause et que l'héritier et le possesseur se prétendant tous deux héritiers *ab intestat*, ne contestent pas sa validité, ils peuvent former leur demande en délivrance contre le possesseur.

Prescription.

Dans l'ancien Droit, la pétition d'hérédité était généralement prescrite par trente ans ; néanmoins, dans certaines coutumes, le laps de temps était moindre. — Cout. d'Artois, art. 72. «Quiconque possède paisiblement d'aucun héritage, droit réel ou personnel, corporel ou incorporel, à titre onéreux ou sans titre, par le temps, terme et espace de vingt ans continuels et ensuivants l'un l'autre, entre parties aagez et non privilégiez, contre absens, trente ans, et l'église quarante ans, tel possesseur par prescription ou longue jonissance acquiert le droit de la chose. Tellement que nul, après ledit temps expiré, n'est recevable à faire poursuivre contre tel possesseur. »

La Cout. de Douai. — Chap. IX, art. 1. contenait la même disposition dans les mêmes termes.

L'art. 15, chap. 107 des chartes générales de Hainaut, n'accordait que douze ans pour exercer les actions relatives à une succession. « De succession et action meublière, la poursuite s'en devra faire dedans les douze ans ensuivants la succession ou action dévolue, et si elle touche à enfants mineurs, iceux la pourront poursuivre dedans les douze ans après qu'ils seront en aage suffisant et les absents auront six ans après leur retour au pays pour en faire la poursuite. »

Dans le Droit actuel, l'hérédité, universalité juridique, chose de droit, est insusceptible de possession. On possède les biens héréditaires, jamais l'hérédité; l'hérédité ne peut être acquise par usucapion; le laps de temps ne confère en aucun cas, au possesseur, le droit héréditaire. Or, nul ne peut triompher dans la pétition d'hérédité, s'il ne fait la preuve de son droit héréditaire; donc, le possesseur, qui n'était pas héritier et ne peut le devenir, quelle que soit la durée de sa possession, sera vaincu par l'héritier, sa possession eût-elle plus de trente ans. La pétition d'hérédité serait donc imprescriptible..

Elle le serait certainement, sans une disposition législative, assez générale pour comprendre toutes les actions. Toutes les actions sont prescrites par trente ans. Art. 2262.

En Droit Français, comme sous Justinien, il existe donc une exception, qui permet au possesseur des biens héréditaires de repousser l'action de l'héritier par cela seul, que pendant trente ans, il a négligé de l'exercer.

Il ne faut pas confondre cette prescription extinctive de l'action, avec les prescriptions qui résultent de l'acquisition par le défendeur du droit qui appartenait au demandeur. Les actions qui naissent du droit de propriété, ne peuvent s'éteindre directement par ce seul fait qu'elles n'ont pas été exercées ; à l'inaction du demandeur, doit se joindre l'usucapion par le possesseur ; le droit qui produisait l'action, change de tête ; le possesseur est à l'abri de toute action, parce qu'il a acquis le droit qu'on aurait pu exercer contre lui.

Ce n'est pas ainsi que l'on peut concevoir la prescription de la pétition d'hérédité ; puisque, d'un côté, l'hérédité et le droit héréditaire ne peuvent être possédés ni acquis ; de l'autre, que cependant, au bout de trente ans, l'action n'existe plus, il faut supposer qu'elle est prescrite directement après ce délai, sans qu'aucune usucapion soit nécessaire, par le seul fait de l'inaction de l'héritier.

Mais, comme cette prescription ne peut être opposée que par des possesseurs, on peut dire que la possession est alors non la cause efficiente, mais la cause occasionnelle de la prescription.

Le délai de trente ans court à partir du jour où l'héritier avait le pouvoir d'agir par cette action.

Lorsqu'un parent plus éloigné s'est mis en possession par suite de l'inaction de l'héritier plus proche, deux prescriptions courent contre ce dernier : la prescription de la faculté d'accepter et celle de la pétition d'hérédité. Cette dernière ne devrait courir qu'à partir du jour où le parent éloigné s'est mis en possession, et elle ne court, en effet, que dès cette époque ; cependant, le résultat sera le même, si l'héritier préférable n'accepte pas, que si elle courait du jour de l'ouverture de la succession.

L'héritier plus proche est déchu de la faculté d'accepter, vis-à-vis des parents éloignés qui sont en possession, lorsque trente ans se sont écoulés depuis l'ouverture de la succession, sans qu'il ait accepté. Si les parents ne possèdent que depuis quelques années, ils n'ont pas prescrit la pétition d'hérédité; mais ils la repousseront néanmoins, en opposant à l'héritier, qu'il est déchu du droit de les écarter de la succession, qu'il est complétement étranger à l'hérédité et incapable d'exercer une action attachée à cette qualité d'héritier, qu'il a perdue. Pour qu'ils puissent exciper de cette déchéance de la faculté d'accepter, il suffit qu'ils se soient gérés comme successeurs universels du défunt. Des successeurs irréguliers ne jouiraient du même droit qu'après avoir demandé et obtenu l'envoi en possession.

La pétition d'hérédité serait alors rendue inutile, non par l'effet de la prescription, mais indirectement par la déchéance de la faculté d'accepter.

L'acceptation par l'héritier du degré préférable, avant les trente ans écoulés depuis l'ouverture, ne laisserait aux parents éloignés que la ressource de prescrire par trente ans à partir du jour où ils ont provoqué l'exercice de l'action en se mettant en possession; car cette action suppose nécessairement une contradiction du droit héréditaire et le délai pour prescrire ne peut courir que du jour où cette contradiction a été connue de l'héritier, où l'adversaire s'est ostensiblement géré comme successeur universel.

Lorsque le possesseur est un successeur universel, en vertu d'une disposition à titre gratuit entachée de nullité ou sujette à réduction, la pétition d'hérédité a pour base le vice de la disposition. Elle existe tant que ce vice est opposable au successeur, et cesse dès que ce vice est couvert. Or l'action en nullité ou en réduction, peut être intentée dès l'ouverture de la succession; l'héritier a intérêt à faire tomber la disposition, malgré l'inaction du légataire; elle cesse de pouvoir être exercée trente ans après l'ouverture de la succession. Après ce délai, la pétition d'hérédité n'est plus recevable, car elle s'appuie sur un vice dont l'existence ne peut plus être invoquée.

Le parent éloigné et le successeur universel deviennent par la prescription de la pétition d'hérédité propriétaires de l'hérédité toute entière. Les parents plus éloignés se trouvent dans la même situation et jouissent des mêmes droits que s'il n'y avait pas eu d'héritier plus proche. Les successeurs universels acquièrent l'hérédité, comme si le titre en vertu duquel ils ont appréhendé l'hérédité, n'avait pas été entaché de nullité ou sujet à réduction. Ils ont donc un droit général s'étendant sur tout ce qui compose la succession, même sur ce qu'ils n'ont pas possédé.

Il n'en serait pas de même, si l'hérédité avait été appréhendée par un possesseur sans titre, un usurpateur ayant pris sans motif légitime, la qualité de successeur universel. Le délai de trente ans n'aurait pour conséquence, que d'empêcher toute poursuite contre lui, à raison de la qualité de successeur qu'il a prise, mais ne lui attribuerait pas les droits attachés à cette qualité. Si la pétition d'hérédité est prescrite, l'héritier a encore la revendication, et l'usurpateur n'est dispensé de restituer que s'il a prescrit cette dernière action, conformément aux dispositions de l'art. 2229, et pour chacun des objets héréditaires qu'il possède.

Ainsi, il est protégé pour les meubles par l'art. 2279. Quant aux immeubles, la possession trentenaire est exigée. Pour les meubles incorporels, l'obligation de les restituer est imprescriptible, puisqu'ils ne sont susceptibles ni de possession, ni d'usucapion.

POSITIONS.

DROIT ROMAIN.

I. La pétition d'hérédité est réelle ; cependant elle peut avoir pour but de faire reconnaître un droit d'obligation au profit du demandeur, comme créancier du défendeur; ainsi s'expliquent les mots : *Mixta personnalis*, dans la Const. 7. 3. 52. C.

II. On ne peut admettre l'explication donnée par Pothier, de la loi 12. 5. 3.

III. A l'époque classique, la propriété transférée sous condition résolutoire, ne retournait, lors de la réalisation de la condition, sur la tête du *Tradens*, que par l'emploi d'un des modes d'acquisition reconnus par le Droit Romain.

IV. L'action *prœscriptis verbis*, est de bonne foi.

V. Le pacte joint *in continenti* à une stipulation, ne peut augmenter l'obligation.

ANCIEN DROIT FRANÇAIS.

I. La femme exerçait ses reprises comme créancière, lors du partage de la communauté.

II. L'effet déclaratif du partage a pour origine la saisine collective, *in solidum*.

Code Napoléon.

I. Le possesseur de bonne foi ne fait pas siens les fruits antérieurs à la prise de possession.

II Le possesseur n'a pas le droit de retenir les objets héréditaires jusqu'au paiement de ses impenses.

III. La prescription de la pétition d'hérédité est extinctive.

IV. Les aliénations consenties par un héritier apparent sont nulles.

V. Le jugement rendu contre un successible en qualité d'héritier pur et simple n'a qu'un effet relatif.

Code de Procédure civile.

I. Le tribunal de première instance ne peut juger en dernier ressort une pétition d'hérédité.

II. La clause par laquelle les parties conviennent dans un acte que les contestations qui pourraient s'élever sur l'exécution de cet acte, seront jugées par des arbitres, est obligatoire, bien qu'elle ne désigne ni les objets en litige, ni les arbitres.

Droit Criminel.

I. La chose jugée au criminel, influe sur l'action civile.

II. L'art. 58 du Code Pénal, sur la récidive, modifié par la loi du 13 mai 1866, n'est pas applicable à l'accusé, coupable d'un crime qui ne devient passible de peines correctionnelles, qu'à raison de l'admission en sa faveur des circonstances atténuantes.

Droit Commercial.

I. Devant les tribunaux de commerce comme devant les tribunaux civils, le jugement de défaut prononcé contre le demandeur, lui laisse la faculté de renouveler le procès.

II. Pour que l'art. 12, C. de Comm. soit applicable, il faut qu'il s'agisse d'actes ayant le caractère commercial à l'égard des deux parties.

Droit Administratif.

I. Les ministres sont, chacun pour les affaires de son département, les juges ordinaires et de droit commun du contentieux administratif, au premier degré de juridiction.

II. En cas d'expropriation pour cause d'utilité publique, les baux qui n'ont pas acquis date certaine, au jour du décret déclarant l'utilité publique, ou même au jour du jugement d'expropriation, sont néanmoins opposables à l'administration.

Vu par le Président de la thèse,

DUFOUR.

Vu par le Doyen de la Faculté,

CHAUVEAU ADOLPHE.

Vu et permis d'imprimer :

Le Recteur,

ROUSTAN.

N. B. — Les visas exigés par les réglements sont une garantie des principes et des opinions relatifs à la religion, à l'ordre public et aux bonnes mœurs — Statut du 9 avril 1825, art. 11 — , mais non des opinions purement juridiques dont la responsabilité est laissée aux candidats.

Le candidat répondra, en outre, aux questions qui lui seront faites sur les autres matières de l'enseignement.

Cette Thèse sera soutenue le lundi 5 août 1867.

Toulouse, Imprimerie Troyes Ouvriers Réunis, Rue St-Panthaléon, 3.

www.ingramcontent.com/pod-product-compliance
Lightning Source LLC
Chambersburg PA
CBHW071843200326
41519CB00016B/4219